U0112522

燧石
Flint
文库

Work, Consumerism and the New Poor

工作、消费主义和新穷人

[英] 齐格蒙特·鲍曼———— 著

郭楠———— 译

ZYGMUNT BAUMAN

 上海社会科学院出版社
SHANGHAI ACADEMY OF SOCIAL SCIENCES PRESS

导　言

　　每个社会都存在穷人，这是一种社会常识。但是，常识没有告诉我们的是，穷人究竟如何而来？是什么导致了他们的贫穷？社会大众（我们这些既不富裕也不贫穷的大多数）的生活方式在多大程度上制造出了贫穷？

　　这种疏漏有些令人遗憾。不仅因为穷人需要并值得我们给予更多关注，也因为穷人的形象中总隐藏着我们自身的恐惧和焦虑，仔细探究个中缘由，能够让我们发现这个时代的一些最重要的东西。因此，本书试图回答这些"如何"（how）的问题，期望揭示当代贫穷叙事之下被忽视、被刻意掩盖的部分。这个试图找到答案的过程，或许可以帮助我们更深刻地了解我们自己。

穷人将永远与我们同在，但贫穷的含义取决于与他们同在的"我们"。需要每一个成年成员都从事生产劳动的社会中的贫穷，与完成了数百年劳动积累，无需大量成员参与就能生产一切所需的社会中的贫穷，是不同的。在全民就业的生产者社会，贫穷是一回事；在生活围绕消费者选择建立（而非围绕工作、专业技能或岗位建立）的消费者社会里，贫穷是另一回事。如果说"贫穷"曾经来自失业，那么今天它主要来自有缺陷的消费者的困境。这个区别改变了人们对贫困生活的体验方式，也改变了摆脱贫困的机会和前景。

本书试图追溯现代历史上发生的这种变化，并对其后果进行盘点。在这个过程中，本书还试图考虑，那些人们熟知并经过检验的对抗不断加剧的贫困并减轻其苦难的手段，在多大程度上适合（或不适合，视情况而定）把握和解决目前的贫困问题。

第一章回顾了工作伦理的起源。从现代开始，人们就希望它能一举多得：吸引穷人到正规的工厂工作，消除贫困并保证社会安宁。实际上，它的作用是训练和约束人们，向他们灌输新的工厂制度发挥作用所必需的服从性。

　　第二章讲述的是现代社会渐进又不可阻挡的过程：从"生产者社会"到"消费者社会"，相应地从工作伦理指导的社会到消费审美统治的社会。在消费者社会中，大规模的生产不再需要大规模劳动，于是，曾经作为"劳动力后备军"的穷人被重铸为"有缺陷的消费者"。这使他们失去了有用的社会功能（实际的或潜在的），这对穷人的社会地位和改善机会产生了深远的影响。

　　第三章追溯了福利国家的兴衰。对于前述章节提到一种转变，即突然出现的以集体责任对抗个体不幸的公众共识与目前同样突然出现的反对这个原则的公众共识，本章展示了它们之间的密切联系。

　　第四章是关于所有这些的后果：以一种新的方式，穷人在社会上产生并在文化上被定义。最近流行的"底层阶级"的概念被仔细研究，并发现它主要是作为一种"助力"工具，把各种不同形式和原因的贫困浓缩成一个低等人的形象。他们都有共同的缺点，因此呈现为一个"社会问题"。

　　最后，我们考虑了穷人和贫困问题可能的未来，以及是否有可能赋予工作伦理新的意义，使其更适用于发达社会的现状。是否可以借助传统的手段——那些为一个不复存在的昔日社会量身定制的手段——对抗和征服贫困？还是应该寻求新的解决办法，比如"脱钩"生存权与出卖劳动力，把社会认可的工作概念扩大到劳动力市场认可的范围之外？以及，我们面对这些问题，追寻切实可行的答案的努力，究竟有多迫切？

目　录

第一部分

第三部分

第一部分

第 一 章

工作的意义：创造工作伦理

　　什么是工作伦理？简而言之，工作伦理本质上是一条戒律，它有两个外显的前提和两个内隐的假定。

　　第一个前提是：为了维持生活并获取快乐，每个人都必须做一些他人认同的有价值的事，并以之获取回报。世界上没有免费的午餐，所有人都知道"有付出才有收获"，获取之前需要先给予。

　　第二个前提是：安于现状，不思进取是可耻的——道义上来说愚蠢又有害。因满足而停止努力是不明智、不可取的。除非是为了完成更多工作而蓄力，否则休息就是不体面的。换言之，工作本身就具有价值，是一种崇高且鼓舞人心的活动。

戒律的内容如下：即使你看不到任何得获①，你也应该继续工作。工作即正义，不工作是一种罪恶。

内隐的一个假定是，绝大多数人都有能力工作，可以通过出售工作能力获取相应收益，用以维持生活。缺失了这个假定，以上的戒律和前提看起来就像是空中楼阁。人们所获得的是对他们过去的工作以及他们愿意继续工作的酬谢。工作是人类的一种正常状态，不工作是不正常的。大多数人都在努力履行着自己的责任，让他们把收益和福利分给那些有能力却因种种原因不工作的人并不公平。

另一个内隐的假定是：只有公认的有价值的工作——那些可以要求薪水回报的，可以用于交易的——才会被工作伦理认同。虽然简单，这却是工作伦理在我们这个"现代性"（modernity）社会呈现形式的总结。

每当有人谈论伦理，你都应当意识到一定有某些人对另一些人的行为方式不满，并希望他们有所改进。谈论工作伦理时更是如此。

在工业化的早期，工作伦理就进入了欧洲人的视野，之后则以多种形式贯穿于整个现代化的曲折进程

---

① 原文使用了一个长定语，整体意思是"你尚未拥有之物或你认为不需要之物"，为便于理解，译为"任何得获"。——译者注

中，成为政治家、哲学家和传教士们嘹亮的号角（或借口），帮助他们不择手段地拔除其时的普遍性恶习：大多数人都不愿被工厂雇佣，也拒绝服从由工头、时钟和机器设定的生活节奏。这种恶习被视为建立一个美丽新世界的最大障碍。

工作伦理生来就是为了和这些危险、病态的恶习斗争，意欲将它们连根拔起，彻底摧毁。传统的观念根深蒂固地认为人的需求是既定的，并不渴望追求更多。一旦这些既定需求得到满足，"因循守旧"的工人就彻底丧失了继续工作的动力，无意赚取更多金钱。世界上还有那么多有趣又体面的事情可以去做，它们都是金钱买不到的，夜以继日拼命赚钱只会和它们失之交臂。这种体面生活的门槛被设定得很低，一旦达到，人们就失去了继续攀升的动力。无论如何，这就是那个时代的企业家、深刻意识到问题严重性的经济学家，以及渴望改善世界的布道者描绘的画面。

历史由胜利者书写，因此，在历史叙事典籍中，记录了现代理性主义的先驱发起的英勇战争。他们最终战胜了那些毫无理性、无知愚昧、不可原谅、拒绝进步的庸碌大众。据记载，这场战争最终使盲人重见光明，使愚昧无知者重拾智慧，人们终于意识到应该向往更好的生活，向往更新更好的东西，并且渴望自我完善，成为更好的人。或者说，至少强迫那些传统的顽固派表现出这种渴望。

然而，真正的故事与早期企业家对工人懒散无能的抱怨恰恰相反，与后来经济学家、历史学家认为的历史真相也恰恰相反。工厂体系的诞生事实上瓦解了工匠和他们的事业之间的亲密关系，这种关系被"工作伦理"视为理所当然的。被记录为"工作伦理引入之战"的道德改革运动，实质上只是试图在新环境下复兴工业化前人们普遍拥有的工作态度，但正是这个新环境使人们曾经的工作态度失去了意义。这场道德改革运动意图在工厂内部，在工厂所有者掌控的纪律之下，重塑全心投入、具有奉献精神的工作态度，以及艺术级的工作表现。然而，这些追求，是过去的工匠在自己掌控工作时，自然而然地表现出来的。

驱使人们去工作

约翰·斯图尔特·密尔（John Stuart Mill）曾抱怨："我们徒劳地在工人阶层中寻找自尊，这会驱动他们选择以优秀的工作回报高薪，但在绝大多数情况下，单方面的善意被报以竭尽所能的偷懒。"①他哀叹过去的工匠这么快就变成了工人，只剩下计算成本效益的冷漠，哀叹前工业时代的工艺本能②如此迅速地消亡。颇为讽刺的是，市场理性腐蚀工人的奉献精神，当时背景中对工作伦理的呼吁却遮蔽了昔日驱动工人远离市场理性的力量。工作伦理的幌子之下演化出一种纪律伦理：不用在意尊严或荣誉、感受或目的——全力工作就好，日复一日，争分夺秒，即使你完全看不到努力的意义所在。

在过去，人们通过自己设定目标、自己控制进程，获得工作的意义和动力，但现在，他们只能被动地完成由他人设置和控制的任务，工作对他们而言失去了意义。在这种转变之下，如何驱动工人运用自己的技能完成这些没有意义的任务，是现代化的开拓者面临的真正问题。解决方案是机械地训练工人，让他们习惯于不假思索的盲从，并且剥夺他们完善工作的自豪感。

① J. S. Mill（1848）*Principles of Political Economy*，vol. II，4th edn. London：John W. Parker & Son，p.337.

② 凡勃仑在 1890 年出版著作《工艺本能和工业艺术状态》（*The Instinct of Workmanship and the State of the Industrial Arts*），首次提到"工艺本能"。他指出，人有两种经济本能：一是改进工艺技术的本能，二是渴求获取利益的本能。——译者注

正如维尔纳·桑巴特（Werner Sombart）所言，新的工厂系统只需要人的一部分，能像复杂机器之中没有灵魂的小齿轮一样工作的那部分。这场战斗是为了对抗人身上那些无用的"部分"——兴趣和雄心，它们不仅与生产力无关，还会干扰生产需要的那些有用的"部分"。工作伦理本质上是对自由的摒弃。

1806 年，一位佚名的针织品商人，生动地描述了这种披着"工作伦理"外衣的道德说教对于其目标群体的真正意义：

> 我发现人们对于任何规律性的安排有着极度的厌恶……他们非常不满意，因为他们不能随心所欲地出入，不能随心所欲地享受假期，不能按习惯的方式行事，下班之后还会遭受其他工人不怀好意的监视。这使得他们痛恨整个系统，我不得不将其打破。①

就目的而言，工作伦理改革运动是一场关于控制和服从的战争。除名称以外，这是一场彻头彻尾的权

---

① 引自 S. Pollard（1963）Factory discipline in the industrial revolution, *The Economic History Review*，second series，16：254-271。

力斗争，以崇高道德为名，迫使劳动者接受既不高尚，也不符合他们道德标准的生活。

工作伦理改革运动的另一个目的，是把人们所做的事和他们认为值得做、有意义的事分离开来，把工作本身和任何切实的、可理解的目的分离开来。如果完全被生活逻辑贯彻、吸收，工作伦理将取代其他所有人类活动，例如反思、评价、选择和目标设定，使它们流为一种过程形式，甚至这种过程的节奏也不再由人自身决定。难怪有人批评新兴的现代性，说它们披着保护人类价值的外衣，实际上却在鼓励懒惰。

一旦被推行，工作伦理也把生产活动和人的需要分离开来。这是历史上第一次，人们优先考虑"能做什么"，而非"需要做什么"。它使得满足人的需要与生产活动的逻辑无关，更重要的是，与生产活动的限度无关。这形成了一个新时代的悖论："为增长而增长"。

······引入机械以及大规模组织的后果是使工人受制于麻木机械的管理程序。早先的一些生产过程允许工人们在工作中展示自己的个性，甚至实现一些天才概念，这给工匠们带来了快乐······《伯明翰暴乱实录》(*An Authentic account of the*

Roits of Birmingham，1799）的作者解释说，工人参加暴动是因为他们"被教导只行动，不思考"。①

哈蒙德夫妇（J. L. and Barbara Hammonds）尖锐地指出：

> ……上层阶级希望劳动者只具有奴隶的价值。工人应该是勤勉的、专注的，永远不要考虑自己，只对主人忠诚，依附于主人，他们应该认识到自己在国家经济中最适当的地位就是过去种植园经济时代奴隶所处的地位。我们平时赞赏的人类美德，到了奴隶身上就成为了罪恶。②

让人们平和地、不假思索地服从冷酷无情的机械化工厂工作的规劝之中，存在着一种奇怪的混合：本质上属于前工业时代、反现代的奴隶经济心态与一种大胆的新设想混合在一起。后者认为，一旦传统的束缚

---

① W. Bowden(1925) Industrial Society in England towards the End of the Eighteenth Century，London. Macmillan，pp. 274-275；Macmillan，pp.274-275.

② J. L. Hammonds and B. Hammonds (1966) *The Town Labourer 1760—1832*(first published in 1917). London：Longman，p.307.

被打破，随着人们创造力的发展和对自然的掌控，呈现在人们面前的将是一个美好的、神奇的、丰富的世界。

正如沃尔夫·勒佩尼斯（Wolf Lepenies）指出的，自 17 世纪末以来，人们谈论"自然"（造物主塑造的所有事物，即那些既存的、未经人类理性和技能雕刻的事物）时，总是充斥着攻击性的概念和隐喻。①比如，弗朗西斯·培根（Francis Bacon）就根本没给人们留下任何想象空间："自然应该被征服，并尽可能为人类的利益和便利服务，这远比弃之不顾好得多。"笛卡尔（Descartes）把理性的进步与对抗自然的一系列胜利相提并论。狄德罗（Diderot）呼吁理论家和实践者联合起来征服自然。卡尔·马克思（Karl Marx）把历史的进步定义为人类不可阻挡地主宰自然的步伐。克劳德·圣西门（Claude Saint-Simon）和奥古斯特·孔德（August Comte）在这个问题上的意见也无比一致，虽然他们的其他观点总是大相径庭。

一旦明确了最终目标，唯一要做的就是尽力缩短

---

① W. Lepenies（1986）Historisierung der Natur and Entmoralisierung der Wissenschaften seit dem 18. Jahrhundert, in A. Peisl and A. Mohler（eds）*Natur und Geschichte*, vol.7. Munich: Schriften der Carl Friedrich von Siemens Stiftung, pp.263-288.

人们征服自然的进程,除此之外的其他准绳则受到质疑,日渐式微。这些渐渐被摒弃的评价标准中,首当其冲的是怜悯、同情和关怀。对受害者的怜悯削弱了人们的决心,使仁慈的人放缓了变革的步伐。所有阻碍或懈怠人类进步的都是不道德的,换言之,任何有利于征服自然这个终极目标的都是好的,"归根结底"都是合乎道德的,"长远来看"有利于人类的进步。工匠对于传统权利的捍卫,以及工业化前穷人表现出的对合理、高效的机械化工作体制的抵制,都被视为自然放置的障碍之一,意图延缓人类的进步。如同精心设计却被揭露、破坏、清除的其他诡计一样,这些抵抗也必将被毫不留情地消灭。

凝聚了人类智慧的辉煌世界领路人(那些机器的设计者和使用机器的先驱)坚定地认为,只有发明家的创造性思维才能引领人类世界的进步。詹姆斯·沃特(James Watt)在 1785 年提出,所有的其他人,即为了发明家的思想发挥作用付出体力劳动的人,"可以被视为等同于纯粹的机械力量……他们的理性几乎没有用武之地"①。理查德·阿克莱特(Richard Arkwright)抱怨道:

① B. Inglis(1971) *Poverty and the Industrial Revolution*. London: Hodder & Stoughton,p.75.

很难训练人们"放弃他们散漫的工作习惯，全心投入复杂机器一成不变的规律生产中"。只有在人的照料下这些复杂的机器才能高效运行，但这些乡下人不愿意每天花费十几个小时被关在工厂里照看机器。

这种拒绝进步的抵抗经常被用来证明穷人的懒散，以及强硬、严格、不留情面的工厂纪律在道德上的必要性。让穷人和"不思进取"的人工作，不仅是一项经济任务，更是一项道德任务。当时所有的开明思潮对这个问题的认知几乎都是一致的，即使在其他方面莫衷一是。《布莱克伍德杂志》(*Blackwood's Magazine*)写道："先驱对人们的影响，本身就是人类道德提升的重要一步。"①《爱丁堡评论》(*Edinburgh Review*)就正在进行的伦理改革运动尖锐地评论道：

> 这个善意的新计划并非出自"慈善精神"……它们标志着新道德秩序的开始……在新秩序中，有产者重新成为无产者父亲般的监护人……并非

---

① Revolt of the workers, *Blackwood's Magazine*, vol. 52 (1842): 646-647.

消灭贫穷——这似乎很难成为目的——而是消灭那些卑劣的恶习,消灭极端贫穷和肉体苦难。[①]

作家、社会活动家 P. 加斯凯尔(P. Gaskell),或许是有史以来最慈悲、最热心、最富同情心的穷人朋友。即使如此,他也认为这些可怜的朋友"内在品质上与那些未开化的孩童没什么不同"[②],他们需要更成熟的人来照看他们,为他们的行为负责。睿智的人达成共识:劳动者(无论当下的还是未来的)不具备管理自己生活的能力。他们像那些愚蠢、任性的孩子一样,不能约束自己,无法明辨是非,更不用说认识到什么更符合自己的"长远利益"。他们只是有待加工、塑造的"人类原材料",至少在肉眼可见的未来,他们注定只能被动地接受社会的变迁,他们只能成为当下如火如荼的理性变革的对象,而非主体。工作伦理是意义深远的道德教育议程中的关键项目之一,它为思想者和行动者设定的任务,构成了后来现代化的拥趸所谓的"文明化进程"之核心。

---

① The claim of labour, *Edinburgh Review*, vol. 81(1845):304-305.

② P. Gaskell([1836] 1968) *Artisans and Machinery*. London: Frank Cass p.78.

和其他那些正派、得体、值得称道的道德准则一样，工作伦理同时提供了建设性的愿景和拆除旧有习惯的方案。它彻底否定了这场伦理改革运动的目标对象原有的生活习惯、喜好和欲望。它描绘了正确的行为模式，但更重要的是质疑所有需要接受道德训练的人，质疑他们在未经教育和未经监督时所做的一切。他们的秉性绝不能得到信任。如果任由他们随心所欲，任由他们自作主张，他们宁愿饿死也不会努力，宁愿沉湎于污秽也不求自我完善，他们会置短暂的麻痹于长远稳定的幸福之上。总而言之，他们愿意什么都不做，而不是去工作。所有这些病态的，不受控制的冲动，都是新兴的工业必须抵御、对抗并最终消灭的"传统"的一部分。正如迈克尔·罗斯（Michael Rose）总结的，马克斯·韦伯（Max Weber）指出，工作伦理是对"这些普通工人的传统主义"进行攻击，他们"依据一种固化的物质需求想象做事，这导致他们倾向于懒散，放弃通过更努力、更长时间的工作来增加收入"。传统主义"受到了诋毁"[①]。

诚然，对现代性美丽新世界的开拓者来说，"传统"

[①] 参见 M. Rose（1985）Re-working the Work Ethic: Economic Values and Socio-Cultural Politics, London: B. T. Batsford, p.30。

是个肮脏的词。它代表了工作伦理所反对的、道德上
可耻的、应该被谴责的那种倾向：满足于当下和已经拥
有的东西，不愿意付出任何额外的努力去获取更好的
生活（事实上，是屈服于一个粗暴、残酷、令人厌恶、不
可思议的外部制度）。在工作伦理发起的反对前工业
时代穷人"传统主义"的战争中，工作伦理表面上的对
手是"无欲无求"，但真正的火力（最猛烈、最残酷的），
对准的是那些准工人的反抗心态。后者认为新的工作
制度令他们感到屈辱、不适，他们并不期望也不愿理解
这种制度，遑论自愿选择。

要么工作，要么死亡

工作伦理希望一石二鸟：解决迅速发展的工业化
所需的劳动力问题，并处理后传统社会不得不面对的
最令人头疼的问题——必须为那些由于种种原因无
法适应环境变化、无法在新体系下维持生计的人提供
生活必需品。并非所有人都能被安排在工厂流水线
上，总有些老弱病残不能适应工业化就业的严格要
求。布莱恩·英格利斯（Brian Inglis）描绘了当时的
情形：

……逐渐形成共识的是，穷人是可以被牺牲的，无论他们是否该对自己的处境负责。如果有什么办法可以在不增加社会风险的前提下简单地摆脱他们，李嘉图（Ricardo）和马尔萨斯（Malthus）肯定会建议那样做，政府也肯定会给予积极的关注，只要不增加税赋就行。①

但是，并没有可以"简单地摆脱穷人"的方法，所以需要找到另一种不那么完美的方案。长期的探索之后，这个方案终于被找到：工作（任何环境下的任何工作）是唯一体面的、道德的、可行的生存方式。托马斯·卡莱尔（Thomas Carlyle）在 1837 年关于民权运动的文章中坦率地阐述了这个"次优"策略：

如果穷人生活得很痛苦，他们的数量就会大大减少。这是所有捕鼠者都知道的秘密：堵上粮仓的缝隙，用持续的猫叫声、警报声和陷阱的开关声折磨它们，这些负担就会消失，不再出现。如果被许可，更简单的方法是用砒霜，或其他一些略温

① B. Inglis, *op cit.*, p.408.

和的方法。

格特鲁德·希梅尔法布（Gertrude Himmelfarb）发表了具有里程碑意义的关于贫穷的研究报告。她在报告中阐述：

> 穷人和老鼠一样，确实可以用这种方法消灭，或者至少把他们赶出人们的视线。需要做的只是下决心把他们当作老鼠对待，并接受"穷人和不幸的人是需要解决的麻烦"。①

在"大量减少"穷人的过程中，工作伦理的贡献是无价的。毕竟，工作伦理主张：无论生活多么悲惨，只要它是由劳动报酬支撑的，就具有道德优越性。有了这样的道德准则，满怀善意的改革者可以宣布，社会向无收入者提供的援助应当符合"最小化原则"（principle of less eligibility），并认为这个原则是向更人道的社会迈出的重要一步。"最小化"意味着那些依赖救济而非工资收入的人享有的生活质量，必须低于最贫穷、最悲

---

① G. Himmelfarb(1984) *The Ideas of Poverty：England in the Early Industrial Age*. London：Faber & Faber，p.193.

惨的劳动者。人们希望，不工作的穷人越是生活堕落，越是深陷赤贫，那些有工作、出卖劳动力换取最微薄工资的穷人的生活就越诱人，至少不至于无法忍受；这样，工作伦理得到了支撑，胜利也触手可及。

19世纪二三十年代，类似的思潮一定在"济贫法"的改革者中盛行。他们在长时间的激烈争论后一致决定，所有对贫困人口①的援助都仅限于济贫院内。这个决定对推进工作伦理的宏图大业有诸多好处。

首先，它把"真正的穷人"和那些为了逃避工作伪装的穷人区别开来。只要境遇足够骇人听闻，除了"真正的穷人"，没有人会选择救济院的生活。将援助限于阴暗潮湿的救济院使"经济状况调查"显得多此一举：愿意进入救济院的人一定是走投无路了。

其次，其他援助的废止，也让穷人们再次认真考虑工作伦理的要求。工厂工作的要求确实严苛、令人厌恶，但相较其他选项是否真的那么糟糕？一旦有了比较，工厂中微薄的工资和无趣繁重的苦役，似乎也没那么不能接受，甚至令人向往。

新济贫法还提供了一条明确、"客观"的准绳，用以

---

① 杰里米・边沁（Jeremy Bentham）更喜欢称他们为人类的"垃圾"或"渣滓"。

区分：（1）可以被改造、可以被工作伦理接纳的人；（2）确实无法得到救赎，无论采用何种巧妙的、不择手段的措施，都无法榨取任何社会价值的人。

最后，济贫法保护有工作（潜力）的穷人免受那些彻底无望的闲人的污染，用巨大的、坚不可摧的围墙把那些麻烦圈住，旋即在内外之间又竖起一道效果不亚于有形围墙的无形文化隔离墙。济贫院壁垒之内的流言越是恐怖，工厂工人的奴役看起来就越像自由，他们遭遇的悲惨也越像一种幸运和福祉。

从所有的历史描述中可以推测，把"真正的穷人"和那些伪装、假冒的穷人一劳永逸地分开，把没有希望的人和还能拯救的潜在劳动者分开，以免后者受到道德上的污染，这个计划从没完全成功过。法律认为"值得"和"不值得"的这两类穷人对彼此有着深远的影响，改革者宣称的济贫院并不能解决问题。

诚然，给依靠救济度日（或如改革者所言，"选择了"贫穷）的人建立的骇人听闻、令人厌恶的生存环境，使得穷人更容易接受雇佣并避开懒惰的恶习，但这仍然把他们拖入贫穷。这种做法虽然取得了暂时的胜利，长期来看却助长了工作伦理意图消灭的危害。救济院的恐怖生活成为评估工厂雇工生活质量的参照，帮助雇主更加肆无忌惮地加大对劳工的压迫，不用担心他们反抗或是退出。最终，那些接受工作伦理的人与那些拒绝接受的人，以及尝试接受但最终失败的人，几乎没什么差别。

在现代性的早期阶段，道德改革中最有见地、最具怀疑精神、最愤世嫉俗的人，根本不抱有能把真正的穷人和伪装的穷人在理论上精确地划分到两个阵营的幻想。他们也不认为这种划分具有重要现实意义，无论从节约资源的角度，还是从具体的道德利益角度。

显然，杰里米·边沁没有区分不同社会机构（houses of industry）的制度：劳教所、救济院和工厂（以及监狱、精神病院、医院、学校等）。①他坚持认为，无论这些机构表面上的目的是什么，它们都面对相同的问题，具有相同的关注：必须强制执行统一的、规范性的、可预测的行为模式，以约束五花八门、本质上不守规矩的囚犯。简而言之，所有这些人都必须被剪除各种各样的习惯和爱好，以适应相同的行为标准。工业工厂

---

① 参见边沁的"圆形监狱"（Panopticon），或"监察所"（Inspection House）。这是一种新的建筑构想，适用于所有类型的机构。这种建筑构想中的任何人都始终处于监视之下。B. Bentham（1843）*The Works of Jeremy Bentham*，vol.4. Edinburgh：William Tait，pp. 40-126.

的监督者和救济院的管理者面对的是同样的任务。为了达到预期（有序的、日复一日的例行工作），这两类囚犯，即"正在工作的"和"不工作的"穷人，都必须服从同一的制度。这就是为什么这两类穷人道德品质的差异，虽然在道德传道者和改革者的论证中得到密切的关注并被赋予无比重要的地位，但在边沁的论证体系中却几乎没有出现过。毕竟，边沁策略的核心是消除这种差别与所论目标之间的关联，这种关联需要足够弱化，以免干扰结果。

边沁的立场与那个时代的经济学思潮是一致的。约翰·斯图尔特·密尔不久后写到，政治经济学对人的情感和动机不感兴趣，"除非是被认为与财富欲望永恒对立的原则，即对工作的厌恶，以及'满足于当下'这种昂贵放纵的欲望"。①像所有追寻"客观"、中立、独立经济规律的学者一样，边沁摒弃了改进社会秩序这个常见的福音派诉求，直达工作伦理的核心——基于无条件服从的纪律规范，通过自上而下的有效监督，固化乏味的、规律有序的行为。他无暇顾及精神上的启蒙

① J. S. Mill（[1836] 1967）On the definition of political economy; and on the method of investigation proper to it, *Collected Works*, vol. IV. London: Routledge & Kegan Paul, p.321.

或思想上的改造，不指望这些圆形监狱（panoptical institution）的囚徒爱上他们的工作（他认为他们对工作无可救药的厌恶所当然），也懒得去讴歌工作的高尚道德意义。如果囚犯的行为符合工作伦理的要求，与其说是道德的皈依，不如说是因为没有其他选择，结果看似工作伦理的戒律被他们接受并融入了他们的良知。边沁完全没有把希望寄托在劳工美德的培养上，而是希望给他们最简单的选择，或者压根不给他们选择。在这些圆形监狱里，无论是救济院、劳教所还是工厂，"如果一个人不工作，那他就什么都不能做，只能吃变质发霉的面包、喝淡然无味的水，没有人会和他说话……这种激励能恰到好处地促使他竭尽所能地工作"。

工作伦理的推进激发了许多来自教会的布道，创作出很多道德故事，主日学校也日渐兴起，尽其所能地向年轻人灌输着正确的规则和价值观。但是所有实际意图和目的都能归结为（正如边沁以他特有的直率和清醒的头脑所揭示的那样）：当下以及未来，工厂工人的选择大幅减少了。救济院外不救济的原则是推动"没有选择"策略的一种体现。这个策略的另一种体现是引入"仅供生存"（hand-to-mouth existence）的概念——把薪水保持在一个足够低的水平，工人们只能靠它活到第二天的黎明。这样一来，除了继续辛苦工作，他们"别无选择"。

以上两种方案都蕴含着一些风险，因为无论如何贬低，它们最终还是要诉诸劳工的理性：为了产生效果，两者都需要劳工能够思考和计算。然而，思想是一把双刃剑，或者说，是原本严密的墙体中留下的一道危险缝隙，通过这道缝隙，麻烦的、难以预料的、无法估量的因素（如人们对有尊严的生活的热情或自主的冲动）会从之前的放逐中回归。一些额外保险措施中，对肉体的胁迫或许是最佳选择。体罚、削减工资和粮食至低于生存水平，尤其是每时每刻、没有死角地监督所有违反规则（无论多么微不足道）的行为并及时处罚，能够有效地让穷人滞留于几乎没有选择的境地。

这使得工作伦理的说教看起来有些表里不一。事实上，若真的希望工人道德完善，就必须扩大其自由的边界——这才是道德能够生长并最终开花结果的唯一土壤。但是工作伦理，至少在其早期的历史上，选择了削减（或者说完全消除）穷人的选择。

这种表里不一未必是有意为之，甚至可能从未被意识到。没有理由认为工作伦理的倡导者对其行动的道德后果漠不关心，更没有理由认为他们本身就是不道德的。那些计划和措施虽然残酷，但改革者真诚地认为它们是道德变革不可或缺的部分，是一种强大的催化剂，是一种道德高尚的行动。勤奋工作被赞颂为令人振奋的体验——这是一种精神层面的升华，只有通过全心全意为社会福祉提供服务才能实现。如果人们勤奋工作并持之以恒需要承受痛苦的折磨，那也是为了未来的收益，尤其是道德收益，付出的必要代价。正如基思·麦克莱兰（Keith McClelland）指出的，"许多人认为体力劳动是必要的，是一种责任和义务，但也值得称颂"①，因为它将为国家带来荣誉和财富，为工人带来道德上的提升。

制造生产者

所有社会都会对自身抱有一种理想化的观点，这激励着它们"不断进取"：发现有损它们面貌的疤痕、疣

---

① K. McClelland（1987）Time to work，time to live：some aspects of work and the re-formation of class in Britain，1850-1880，in P. Joyce（ed.）*The Historical Meanings of Work*. Cambridge：Cambridge University Press，p.184.

体和其他瑕疵，然后找到治愈或抚平这些缺陷的补救办法。对那些体面性和品格受到质疑的人来说，去工作（接受一份工作，找一个老板，做一些老板愿意付钱所以一定有用的事情）是一个颇为得体的自证方法。给予所有人工作，让所有人都去工作，通常被视为治愈因社会（暂时）的不完美、不成熟导致的一切弊病和麻烦的良方。

左右两派的政治家都认同工作的这种历史价值。有一种信念是"工业社会"与生俱来的：参与工业生产的工人将不可阻挡地增长，工业社会的最终形态是一个巨大的工厂，每个健全的男性都在其中被生产性雇用。全民就业虽然尚未实现，但它代表着未来的形态。依据这种规范，没有工作即是失业，是不正常的，违反了规范。"来工作"和"去工作"是双生的劝语/魔咒，希望同时解决个体问题和社会弊病。这些现代的口号同时回荡在分割资本主义和共产主义的巨大鸿沟两侧。在马克思主义影响下，反对资本主义的政治口号是"不劳动者，不得食"，关于未来无产阶级社会的愿景也是完全基于工厂的模样构建的。在经典的现代工业社会时代，工作同时是个人生活、社会秩序和社会生存能力（系统化再生产）的枢纽。

　　先来看个人生活。工作为人们提供了生活所需，工作类型决定了他们在生活中、在"社会"中的合理地位。工作是决定社会地位和自我评价的主要因素：除了那些由于世袭或暴富，可以自给自足悠然生活的人以外，"你是谁"这个问题的答案通常指向人们所在的公司以及该公司的能力。在一个擅长分类且喜欢分类的社会里，工作类型是一种关键的、决定性的分类，是所有其他社会生活的锚点。它将人们分类，让他们找到自己的位置，尊重自己的上级，让下级服从自己。工作类型也定义了人们应该匹配的生活标准，定义了他们应当与谁为伍，应当与谁划清界限。职业生涯标记了人生的旅程，是回溯人生成败最重要的记录，是自信与彷徨、自满与自责、骄傲与耻辱的主要源头。

　　后传统的现代社会是一个根据选择的能力和承担的责任来评估、奖励其成员的社会。对于这个社会中大部分的男性成员来说，工作是他们终其一生构建和捍卫的身份的核心。身份的构建可能来源于诸多雄心壮志，但都取决于人们选择/被分配的工作类型。工作类型影响着人们的全部生活，它不仅决定了与工作过程直接相关的权利和义务，而且决定了预期的生活水平、家庭模式、社会生活和业余生活、礼仪和日常行为规范。正是这个"独立变量"让人们塑造自我,并准确预测自己生活的方方面面。一旦确定了工作类型和职业规划,其余的事情就水到渠成,需要做什么也基本确定下来。总而言之:工作是主要的基准,所有其他生活追求都可以基于它来规划和安排。

再看社会秩序。在工业化现代社会中,大部分男性的绝大多数可支配时间、成年后的大部分岁月都是在工作中度过的。根据罗杰·苏(Roger Sue)的计算,在 1850 年人们 70% 的可支配时间都处于工作状态。[1]工作场所承载了最主要的社交融合。在这里,人们接受训练,培养服从规范、遵守纪律的行为习惯,形成自己的"社会性格",至少是那些有利于社会秩序的社会性格。除去现代另一项伟大发明——大规模征兵,工厂是现代社会最主要的"圆形监狱"。

工厂生产花样繁多的商品,除此之外,它们也生产顺从于现代国家的公民。第二条生产线并不突出,也很少被提及,但绝非附属。相对于工作生产物质财富的显性功能,它确保了一项更基本的功能——人在社

---

[1]　R. Sue(1994) *Temps et Ordre Social*. Paris:PUF. 根据罗杰·苏的计算,自 1850 年以来,平均工作时间系统性地下降了,到这篇文章写作时,清醒的时间只有 14% 用于工作。

会上的生存。在现代社会，每当突然性出现消息，称有相当一部分人的身体状况不适合在工厂工作或服兵役，都会引发恐慌，由此说明了这个潜在功能有多么重要。无论怎样证明这种担忧的合理性，体弱多病和精神障碍都被视为一种威胁，令人担心，因为这会把当事人遗弃在社会秩序所依赖的圆形监狱之外。失业的人变成了无根浮萍，无人控制，无人监督，不受任何惩罚性规制约束。难怪在19世纪，具有社会意识的医疗科学定义的健康典范，是够胜任工厂工作和兵役的男性形象。

如果让大部分男性进入工厂工作是生产和维持社会秩序的主要手段，那么以（"养家糊口"的）男性为绝对权威建立强大、稳定的父权制家庭，就成为一个必要的补充。工作伦理的布道者通常也是家庭美德以及不可撼动的家长权力的倡导者，这绝非巧合。在家庭内部，丈夫/父亲被要求扮演监督/管教的角色，类似工头在工厂中，或校尉在操场上发挥的作用。正如福柯坚持的，现代的规训权力，如同毛细血管一样分布和延伸，将心脏泵送的血液传导到生物体的每一个细微组织和细胞。家庭的父权将秩序生产与服务网络的规训压力传导到圆形监狱无法触及的人群。

最后，在政治家惯常提及的社会生存和繁荣问题中，工作被赋予了决定性作用，并以"系统再生产"之名进入社会学的讨论。现代工业社会的实质是借助自然的可用能源对（同样是自然的）资源进行再加工，最后产出"财富"的过程。这种再加工是由资本所有者/管理者组织，通过雇佣关系实现的。因此其延续性取决于资本所有者是否能让未参与生产的人口源源不断加入生产过程。

产品是财富扩张的基本资源，其数量取决于"活劳力"（living labour）直接参与生产劳动并服从于生产劳动的逻辑；生产角色（productive roles）是这个体系的基本单位。政府的强制力（coercive powers）主要用于实现资本和劳动力的"商品化"。换句话说，用于实现财富作为资本（生产更多财富的财富）的潜力，以及社会成员作为"增值"（value-adding）劳动力的潜力。资本的活跃和就业的增长是政治的主要议题。衡量政策成败的主要指标是：资本的雇佣能力和民众对生产过程的参与程度。

总而言之：在现代安排（modern arrangement）的所有三个可分析层面（个人、社会和系统），工作都占据了重要的位置。此外，正是借由工作，这三个层面联系在一起，实现了彼此之间的沟通和协调。

因此，现代化体系的实现过程中，工作伦理居功至伟。对于现代工业社会的日常运作和持续发展而言，资本和劳动的共同参与必不可少。工作伦理把这种共同参与视为所有成员（更确切地说，所有男性成员）的道德责任和使命。工作伦理要求人们心甘情愿地、欣然地、热情地拥抱一种无法避免的必然——新经济的实践者在新国家立法者的协助和合谋下，竭尽全力提供的这种不可避免的困境。心甘情愿地接受这种必然，就意味着彻底放弃了对外来的、痛苦的、强加的新规则的抵抗。在工作场所，工人的自治权是不被容忍的。工作伦理要求人们选择一种献身于劳动的生活，但这也就意味着没有选择、无法选择和禁止选择。

从"更好"到"更多"

工作伦理的宣讲力度与潜在劳动者因失去自由产生的抵制情绪成正比。宣讲的目的在于消除抵制。工作伦理是一种工具，目的是使工人们丧失独立性，服从于工厂制度。

工具理性①允许选择、批判性评估所有手段,并在必要时根据效果废弃或替换它们。工作伦理,或更广义的,对当前和未来的工厂工人情操和良知的呼吁,只是推动工业体系前进的可选手段之一。它未必是最有效的方法,肯定不是唯一能想到的,也不是最可靠的。布道者试图灌输的工作伦理,很可能像其他道德体系一样会留下变化性和不稳定性——对人们预期行为的指导性很差,所施加的压力不足以驱动工厂要求的严格、刚性、单调的工作。不能依靠道德情感,不能依靠对道德责任的呼吁(因此最终也不能选择这种手段)来确保工人持续地倾尽全力工作,以及对工作制度的无条件服从。

我们已经指出,向穷人和懒惰的人宣扬工作伦理时,会同时采用更可靠的压力手段,如强制封闭、法律

① 工具理性是法兰克福学派批判理论中的一个重要概念。其最重要的渊源是德国哲学家、社会学家马克斯·韦伯所提出的合理性(rationality)概念。韦伯将合理性分为两种,即价值(合)理性和工具(合)理性。工具理性针对确定的目标,计算成本和收益,找到最优化的手段。工具理性不关心目的,只关心达成目的的手段是不是最优的。价值理性以目的为导向,强调动机的纯正和选择正确的手段达到自己的目的。举个简单的例子,你接到一个电话要求你从甲地到乙地。如果你考虑的是哪种交通工具更便捷,那么这就是工具理性;如果你在思索是否有必要去,考虑行动的合理性,这就是价值理性。——译者注

约束、除救济院外拒绝一切救济,乃至体罚威胁。工作伦理的宣道呼吁道德选择,而工作实践本身则减少了选择,甚至完全消除了选择。它努力确保工人表现得如同工作伦理的信徒,这种信仰是否真诚并不重要,人们是否相信工作伦理的"福音书"也不重要。就包括现代工厂在内的现代组织而言,它们的趋势是使人类行动者的道德情感与他们的行为无关,以便这些行为达到一定程度的规律性和可预测性——完成永远不能指望非理性的道德冲动完成的任务。

工作伦理似乎主要是欧洲人的发明。大多数美国社会历史学家都认为,推动美国工业前进的是企业精神和跻身上层阶级的愿望,而非工作伦理。工作,专心致志地工作,越来越专心致志地工作,从一开始就被移民到美国和出生在美国的工人视为一种手段而非价值,视为一种生活方式或一种使命:工作是获得更多财富,从而更加独立的手段,是摆脱令人厌恶的必须为他人工作这种境遇的手段。即使是血汗工厂的半奴隶制,也能以未来自由的名义被他们接受和平静地忍受,无需任何高贵品质的伪装。工作不需要被热爱,也不需要被认为是道德的象征,人们可以公开反感工作,这不会招致纪律的崩坏,因为他们相信当下的忍耐(哪怕是最恶劣的境况)是为了并不遥远的自由而暂时付出的代价。

在迈克尔·罗斯看来[1]，在美国，漠视工作伦理且对其置之不理的趋势在 20 世纪初达到新的高度；当时盛行的管理创新采取"一种摧毁工作投入[2]道德承诺"的方式运作，"它们发挥了效力，似乎是因为对工作投入的道德承诺通常不可靠"，或者说，能在这个富裕国度的贪婪气氛中看到这种情况。这种趋势在弗雷德里克·温斯洛·泰勒（Frederick Winslow Taylor）发起的科学管理运动中达到高潮。

他的管理工具箱中没有工作伦理的一席之地。他主要通过精心设计的经济激励机制鼓励人们积极工作。泰勒的劳工典型不是土生土长的美国人，而是一个荷兰移民，一位施密特（Schmidt）先生。令泰勒着迷的不是施密特因道德责任感高效工作，而是他面对一美元钞票时的兴奋反应。为了得到这一美元，他愿意服从泰勒的任何要求。

---

① M. Rose, *op cit.*, p.79.
② 工作投入（work effort）是指个体在工作中处于一种积极的、专注的状态。——译者注

随着人与人之间的不平等日益加剧，工厂纪律的压力越来越令人窒息，不再指望劳动者对工作高尚特质的信仰是一个明智的选择。美国梦劝告人们，所有工厂里遭受的苦难只是暂时的烦恼，屈从老板的虚妄只是成为老板的必经之路。然而，淡化美国梦的必要性也越来越显而易见。毕竟靠自己的努力获得成功的机会越来越渺茫，通过辛苦工作逐渐"自力更生"的自由之路也越走越窄。曾经依靠道德承诺及抬高工作的道德意义来确保的工作投入，现在需要找到新的出路。

在美国和其他一些地方，这个新的出路是"物质激励"：对那些放弃自身独立性，服从工厂纪律的工人给予奖励。过去道德说教实现的成就，正越来越多地通过"胡萝卜"的诱惑（无论是否配以"大棒"的协助）来实现。与其宣扬努力工作通向道德高尚的生活，不如告诉大家这是赚取更多金钱的手段。不要在意"更好"，"更多"才是最重要的。

工业社会是以权力冲突拉开序幕，那时的人们为自治和自由而斗争。时过境迁，现在他们只会为了获取更多盈余而斗争。人们默默接受了现存的权力结构，对这种结构的修正被排除在议程之外。越来越多的人认为，从工匠变成工人时失去的人的尊严，只有通过赢得更多盈余才能恢复。这种变迁中，努力工作能使人们道德升华的呼声日益衰弱。现在，衡量人们声望和社会地位的是工资的差别，而不是勤于工作的道德或惰于工作的罪恶。

社会生存质量的权力斗争变成了获得更多金钱的斗争，经济收益成为自治自主的唯一体现，这对现代工业社会的发展产生了深远的影响。它实现了当初工作伦理在经济手段和偶尔的肉体胁迫的帮助下徒劳争取的目标。它在现代生产者的思想和行动中灌输的与其说是"资本主义精神"，不如说是以经济水平评判人的价值和尊严的倾向。这也把人的动机和对自由的渴望牢牢地、不可逆地转向消费领域。这些影响在很大程度上决定了现代社会后续的发展——从生产者社会转向消费者社会。

第二章

从工作伦理到消费美学

我们身处消费者社会。

我们或多或少都知道，"消费者"意味着什么。顾名思义，消费者是消费的人，消费意味着把东西消耗殆尽：吃穿用度，或以其他方式满足自己的欲望。我们所处的世界，绝大多数情况下，金钱是满足欲望的桥梁，所以作为一个消费者通常也意味着，占有那些注定要被消费的东西：付费购买它们，使其成为自己的专属财产，禁止其他人未经许可使用它们。

消费也意味着毁坏。在消费的过程中被消费的事物将不复存在。它们或者在物理上湮灭，如被吃掉或耗尽；或者被剥夺了原本的吸引力，无法再唤起欲望，如被过度使用的玩具或频繁播放的唱片，不再适于消费。

这就是成为一个消费者所意味的。但是,当我们谈论消费者社会的时候,我们到底在谈论什么呢?身处消费者社会的消费者有什么特别之处吗?毕竟,每一个已知的社会,不都或多或少是消费者社会吗?前面罗列的特征,除需要付费外,在任何一种社会都肯定存在。诚然,什么具有消费价值,我们如何消费它们,在不同的时间、不同的地点可能各不相同,但在任何时间、任何地点,都没有人能够脱离消费生存。

因此,当谈到我们是一个"消费者社会"的时候,我们必须走得更远,不仅仅停留在泛泛的"这个社会的所有成员都在消费"这个范畴。说我们的社会是一个"消费者社会",相应的,之前的那个社会(上一章中描述的现代社会的工业化阶段)可以称为"生产者社会"——尽管人类自诞生起就从事生产,并将持续生产直到人类灭亡。之所以称之为"生产者社会",是因为那时人们主要以生产者的身份参与其中。社会塑造其成员的方式由社会分工的需要决定,社会希望其成员有能力和意愿参与社会分工。在当前这个近现代(late-modern)、次现代(second-modern)或后现代(post-modern)阶段,社会主要要求人们以消费者的能力参与其中,首先依照"消费者"角色需要塑造其成员,并期望他们具有消费的能力和意愿。

过去和现在的差异,并不像放弃旧身份、以新身份代之那样彻底。两种类型的社会都有一部分成员负责生产,显然所有成员也都会消费。但社会的重心发生了转移,这也造就了社会、文化、个人生活的各个方面的巨大差异。这种差异如此深刻,无处不在,于是有充分的理由把现在的社会归类为一个独立的、与众不同的社会形态——消费者社会。

从生产者社会到消费者社会的变迁带来许多意义深远的变化,其中最重要的涉及人们被培养、训练以符合社会认同要求的模式,也即人们融入社会秩序并获取自己一席之地的模式。曾经举足轻重的圆形监狱逐渐失去了作用,大规模工业化雇佣迅速萎缩,小规模的、自由的职业群体取代了全民大生产,大部分人不可能再受到圆形监狱的直接影响。技术的进步在就业萎缩的前提下确保了生产力的增长,工厂的员工越来越少,"精简"成为新的行为准则。据《金融时报》(*Financial Times*)编辑马丁·沃尔夫(Martin Wolf)计算,从 1970 年到 1994 年,欧盟的工业就业人口比例从 30％ 跌落到 20％,美国从 28％ 跌落到 16％,而此期间工业生产力平均每年增长 2.5%。①

圆形监狱的训练方式不适合培育消费者。那套体系擅长训练人们习惯例行的、单调的行为，并通过限制选择或完全取消选择巩固效果。然而，不因循守旧、持续进行选择恰恰是消费者的美德（实际上是"角色要求"）。因此，圆形监狱式训练不仅在后工业化时代大幅减少，而且与消费者社会的需求背道而驰。它擅长培养的气质和生活态度，与理想的消费者大相径庭。

理想的情况下，后天的习惯应该轻落在消费者的肩头，正像宗教/伦理激发的对职业和经济获取的激情曾经轻落在新教徒身上一样，恰如马克斯·韦伯引用理查德·巴克斯特（Richard Baxter）的话语所说："就像一件轻盈的斗篷，随时准备被扔到一边。"②习惯也确实是不断地在第一时间被丢在一边，从未有机会凝结成牢笼的铁栏。理想状态下，消费者应该不固守任何东西，没有永久的承诺，没有可以被完全满足的需求，也没有所谓的终极欲望。任何承诺、任何忠诚的

① M. Wolf(1997) Mais pourquoi cette haine des marche's?, *Le Monde Diplo-matique*, June, p.15.

② M. Weber(1976) *The Protestant Ethic and the Spirit of Capitalism*, trans. T. Parsons. London: George Allen & Unwin, p.181.

誓言,都应该有一个附加的有效期。契约的有效期、既定的时效是最关键的,比契约本身更重要,它不应该超过满足欲望的消费所花费的时间(或欲望消退的时间)。

消费总是需要花费时间的,这是消费者社会的桎梏,也是消费品商人的主要烦恼。理想情况下,消费者立刻得到满足——消费应该立刻带来满足感,没有时延,不需要旷日持久的技能学习和准备工作;而一旦消费行为完成,这种满足感就应该尽可能快地消失。如果消费者无法对任何目标保持长期关注和欲望,如果他们没有耐心、焦躁、冲动,尤其是容易激动,又同样容易失去兴趣,"即时满足"就达到了最佳效果。

如果欲望不用等待就能充分满足,消费者的消费能力可能会远远超越所有先天、后天的需求的限制,或超越消费品物理耐久性的限制。一直以来需求和满足需求的关系或许会翻转:对满足感的期待或期望会先于需求,并总是大于现存需求,但又不至于大到使人失去欲望。事实上,越是陌生的需求越具吸引力,能获取的未知生活体验会带来大量的乐趣。前所未有的新鲜的兴奋感,就是消费者游戏的秘密。马克·C.泰勒(Mark C. Taylor)和埃萨·萨里宁(Esa Saarinen)说,

"欲望不求被满足。恰恰相反,欲望永无止境"[1],至少这描述了一个理想的消费者的欲望。欲望逐渐消失、消散,看不到复生的征兆,或世界上已经没有什么值得人们向往,这一定是理想的消费者最毛骨悚然的噩梦。

想要提高消费者的消费能力就不能让他们休息。他们需要不断地接受新的诱惑,持续处于永不枯竭的兴奋之中,持续处于怀疑和不满之中。诱使他们转移注意力的诱饵需要肯定这种怀疑,同时提供一个宣泄的出口:"你以为这就是全部? 好戏还在后头呢!"

人们常说,消费市场诱惑了消费者。但要做到这一点,成熟的、热衷于被诱惑的消费者也必不可少,就像工厂老板能够指挥工人,是因为存在遵守纪律、发自内心服从命令的工人。在正常运转的消费者社会中,消费者会主动寻求被诱惑。他们的生活从吸引到吸引,从诱惑到诱惑,从吞下一个诱饵到寻找另一个诱饵,每一个新的吸引、诱惑和诱饵都不尽相同,似乎比之前的更加诱人。他们生活于这种轮回,就像他们的先辈,那些生产者,生活于一个传送带和下一个传送带之间。

---

[1]　M. C. Taylor and E. Saarinen（n. d.）*Imagologies*：*Media Philosophy*. London：Routledge, Telerotics, p.11.

对那些成熟的、完全合格的消费者来说,以这种方式行动是一种强迫症、一种必需品;然而,这种"必需品",这种内在的压力,这种以其他方式生活的不可能性,却以行使自由意志之名展现在他们面前。本来是市场选择了他们,并把他们培养成消费者,剥夺了他们不受诱惑的自由,但每次来到市场,消费者都觉得自己在掌控一切。他们可以评判、评论和选择,他们可以拒绝无限选择中的任何一个——除了"必须作出选择"之外。寻求自我认同,获取社会地位,以他人认为有意义的方式生活,这些都需要日复一日地到访消费市场。

在现代性的工业阶段,一个事实不容置疑,那就是每个人在拥有其他身份之前,首先必须是一个生产者。在现代性的第二阶段,即消费者的时代,这个不容置疑的事实变成了:人首先要成为消费者,才能再拥有其他特别的身份。

制造消费者

近年来,各个政治派别异口同声地积极鼓吹"消费主导经济复苏"。产出不断下降、订单簿空空如也、商业街门可罗雀,这些都被归咎于消费意愿或"消费者信心"的不足(消费者信心意味着消费者通过信贷消费的欲望强烈到足以压倒对破产的恐惧)。解决所有麻烦、重获转机的希望被寄托于消费者重拾他们的义务——再次购买,大量购买,不断购买。"经济增长"是衡量现代社会是否正常有序运行的首要标准。在消费者社会中,与其说经济增长取决于"国家生产力"(即健康充裕的劳动力、充实的财政收入、勇往直前具有企业家精神的资本所有者和经营者),不如说取决于消费者的热情和活力。消费取代了工作,把个人动机、社会整合和系统再生产链接在一起。

在"前现代",社会定位(social placement)是一种传统的、归属型的机制,它相对直接地要求"人以群分",达到但不超越由他们的出身决定的"社会分类"标准。拆解了"前现代"之后,现代性赋予社会个体"自我构建"的任务:自行构建自己的社会身份,即使不能完全从零开始,至少也要从当前的基础开始。个体的责任在过去根据社会定位清晰地界定:贵族、商人、雇佣兵、手工业者、农场佃户或农场工人。现在,人们需要选择自己的社会定位,并使这个定位得到社会的认同。

最初,工作是承接这份新责任的首要工具。工作技能、就业场所以及职业规划是人们努力构建的社会身份中最主要的决定因素。一旦选定身份，人们就终其一生去构建这个身份，终其一生于他们的工作、职业或事业。社会身份的构建是平稳的、持续的，需要经历一系列泾渭分明的阶段（难怪要用"构建"来描述"社会身份"的实现），人们的职业生涯也是如此。职业生涯的稳定持久和人们贯穿终身的社会身份构建非常契合。

　　然而，稳定、持久、连续、逻辑一致、结构密实的职业生涯不再是一个普遍有效的选择。现在，只有极少数情况下，才能通过从事的工作来定义永久身份，更不用说确保这个身份。长期的、有保障的、确定性的工作已经很少见。那种古老的、"终身制"的，甚至是世袭的工作岗位，只限于少数古老的行业或职业，数量也正迅速萎缩。新的工作机会设置了期限，到期后的安排另行通知，或者干脆是兼职。它们经常和其他岗位合并，没有任何持续性保障，更不用说永久就业。今天流行的口号是"灵活"，这个越来越时髦的概念代表的是一场几乎没有任何规则的雇佣和解雇游戏，而且在游戏进行时，单方面就可以随时更改规则。

　　沙滩上无法建立牢固的城堡。简而言之，在工作的基础上构建终身身份，对绝大多数人来说（至少在目前,除了少数高技能、高特许职业的从业者外)是死路一条。

然而,这个意义重大的新转折,并没有被看作一场大地震或一个生存威胁。因为对身份的社会认同也发生了变化,老式的职业生涯变得不再合时宜,且与新身份的任务和要求完全脱节。按照乔治·斯坦纳(George Steiner)精辟的警语,所有的文化产品都被设计为具有"最大限度的影响力并且可以瞬间废弃"。在这样一个世界,终生构建一个提前设计的身份确实会带来麻烦。正如里卡多·佩雷拉(Ricardo Petrella)所言,目前的全球趋势是"通过大幅减少产品和服务的寿命,以及提供不稳定的工作(临时的、灵活的、兼职的工作),将经济导向短周期和不确定的生产"。①

无论人们渴望的身份是什么,都必须像当下的劳动力市场一样,具有灵活性。它必须能够适应紧急通知甚至没有通知的变化,必须遵循"拥有尽可能多的选择,最好拥有所有选择"的原则。未来必然充满不确定性,如果不这样做,就等于自己放弃机会,放弃那些未来曲折命运以及难以预料的生活带来的未知的、只能

---

① R. Petrella(1997) Une machine infernale, *Le Monde Diplomatique*, June, p.17.

模糊感觉到的利益。

文化潮流前赴后继地涌进浮华的公众市场，又迅速过时，变成荒唐滑稽的老古董，衰败的速度比获取注意的速度更快。因此，当前的身份最好都只是暂时的，人们只需轻轻地拥抱它们，确保一旦放手它们就消失不见，以拥抱下一个更新、更鲜艳或者未曾尝试的新身份。更确切地说，身份是多重的：大多数人的生命旅程中可能都散布着遗失或遗弃的身份。每一个后继的身份可能都是不完全的、有条件的，因此，如何避免身份的固化成为一个难题。"身份"这个词或许已经失去了效用，因为在日常生活中，它所掩饰的比揭露的更多。随着社会地位越来越得到关注，人们恐惧过于牢固的身份认同，害怕在必要时难以全身而退。对社会身份的渴望和恐惧，社会身份唤起的吸引和排斥，混合在一起，产生了一种持久、矛盾、困惑的复杂心态。

变化多端、无限创新、飘忽不定的消费品市场，可以很好地解决这类担忧。无论是耐用品，还是易耗品，从定义上来说，消费品就不打算永久存在，不可能提供什么"终身的服务"。消费品意味着消耗殆尽，时间性和短暂性是其内在特征；消费品遍体写满了死亡警告，尽管用的是一种隐形墨水。

消费品的这些特质和当代社会身份问题特有的矛盾性，冥冥之中存在着某种和谐和共鸣。身份像消费品一样被占有，而占有是为了消费，所以它们终将消失。和市场上的消费品一样，对一种身份的消费不应该——不允许——熄灭对其他更新、更好身份的渴望，也不应该——不允许——妨碍人们接纳新身份的能力。这意味着，与其去其他地方寻找工具，不如将注意力集中到市场。"集合身份"（Aggregate identities），即随意地安排商店里能买到的、不太持久、容易剥离、可随意更替的标签，这似乎正是人们应对当代生活的挑战所需要的。

如果市场能够解决社会身份带来的问题，专门的"规范管制"（normative regulation）或"模式维持"（pattern maintenance）社会机制就不再必要，也不可取。传统的、圆形监狱的训练方法显然与消费者的任务格格不入，对围绕欲望和选择构建的社会来说，它将是灾难性的。毋庸怀疑规范管制外的其他方法能否做得更好。至少在全球社会的维度上，规范管制的想法已经过时。在生产者社会中，它是让人们"去工作"至关重要的手段，但在消费者社会中，它已经失效。任何规范的唯一目的，都是利用人们自由选择的能动性来限制或完全消除选择自由：除规范所倡导的选项外，人们别无其他选择。然而，扼杀选择，尤其是那些被规范性和秩序性管制深恶痛绝的选择，那些不可控的、天马行空的、可随意撤销的选择，相当于扼杀了人的消费潜力，这是以市场为中心的社会可能遭遇的最可怕灾难。

因此，就消费市场长期稳定的发展而言，规范管制并不可取，也被它的受众厌恶。消费者和市场经营者的利益在此交汇。"对通用汽车公司有利的事情就是对美国有利的事情"神奇地一语成谶（如果这里的"美国"仅仅指其公民的集合）。"消费者精神"和那些依赖于它们的商品销售企业一起，反抗着管制。消费者社会反对所有强加在选择自由之上的法律限制，抗拒对潜在消费对象的任何非法化，并通过广泛支持大多数"去管制"措施来表达其不满。

在美国和其他地方，类似的不满也体现于对削减社会服务（集中管理和保障的生活必需品供给）和降低税收的空前支持。无论是左派政党，还是右派政党，对"还利于民"这句口号都无比狂热。"还利于民"变得不容置疑，它呼吁消费者履行选择的责任——一种已经被内化、重塑为人生使命的责任。更多税后收入的吸引力，与其说是来自更多消费，不如说是来自有了更多消费选择的预期、更多购物和选择的乐趣。这种能够更频繁行使选择权的期望具有惊人的诱惑力。

就实际意图和目的而言，重要的是手段而非结果。履行消费者的责任意味着更多地做选择，无论这最终是否带来更多的消费。拥抱消费者模式意味着首先要热衷于选择，消费仅居于次席，也并非不可或缺。

由美学评判的工作

生产者只能集体完成使命，生产是一种集体性事业，需要分工、合作和协调。个别情况下，某些局部可以独立运行，但是，如何与其他部分衔接以创造最终产品，仍是任务的关键，常思于执行者的脑中。生产者即使彼此独立，也会聚集在一起工作。每个人的工作只有在交流、沟通、融合中才有收获。

消费者恰恰相反。消费彻头彻尾是一种个人的、独立的乃至孤独的活动。这种活动通过不断地满足和唤醒、缓释和激发某种欲望实现，这种欲望通常是一种私人的、难以言表的感觉。根本就不存在什么"集体消费"。在消费过程中消费者确实可能会聚在一起，但即便如此，消费的本质仍然是一种彻头彻尾孤独的、私人的生活体验。聚集只不过凸显了消费行为的私密性，增强了其乐趣。

　　如果挑选商品时有其他消费者陪伴，或身处于充斥着消费信徒的熙熙攘攘殿堂，整个消费过程就更加令人愉悦。在人满为患的餐厅吃饭，在拥挤的商场或游乐园闲逛，都能体会到这种乐趣。在所有类似的场景中，被共同欢庆的却是选择和消费的个性，这种个性通过其他消费者的模仿得到重申和再次确认。若非如此，群体的消费行为对于消费者而言就没有任何意义。消费活动从来就与团结协作格格不入，也不被其影响，一切联结的努力在面对消费行为特有的孤独症时都束手无策。即使聚集在一起，消费者依然是孤独的。

　　选择的自由设定了消费者社会的阶层，设定了消费者社会的成员（消费者）绘制生活理想的框架，为他们定义了自我改善的方向，以及"美好生活"的图景。一个人选择的自由度越大，自由行使的选择权越多，他/她在社会阶层中的地位就越高，获得的社会尊重和自尊就越多，距离"美好生活"的理想也越近。当然，财富和收入也很重要，否则消费选择就会受到限制或被完全剥夺。它们作为资本（用于赚取更多金钱的金钱）的用途没有被遗忘，但是逐渐退居次席，让位于扩大消费选择的范围。

贮藏、储蓄、投资的意义在于拓宽消费者选择的预期。然而，它们不是提供给大多数普通消费者的选项，因为那只会招致灾难。储蓄增加和消费信贷萎缩绝对是坏消息，信贷的膨胀才是"事情朝正确方向发展"的可靠信号，受到欢迎。消费者社会不会轻易呼吁延迟满足。这是一个信用卡社会，而非存折社会。消费者社会"活在当下"，物欲横流，没有耐心等待。

同样，不需要用"规范管制"以及随之而来的纪律训练和无处不在的监控来确保人们的需求顺应市场经营者的利润，也不需要重塑"需求经济"（消费者-商品经济）以匹配消费者的欲望。诱惑，炫耀未曾经历的奇景，承诺前所未有的体验，贬低尝试过的一切，才是最有效的。当然，前提是信息要有效传达给接收者并将他们的目光都聚焦在那些令人激动的未知体验上。消费，愈发多样化、愈发丰富的消费，对消费者来说必须是一种享受，而不是折磨他们的义务。消费者必须以审美趣味为导向，而不是以道德规范为导向。

是美学，而非伦理学，被用于整合消费者社会，确保其走在正确的道路上，并屡次拯救其于危难。伦理学赋予履行责任以最高的价值，而美学则把崇高的体验放在首位。履行职责有内在的时间逻辑，所以它把时间结构化，指引一个方向，使逐步积累、延迟享受等概念具有意义。但是，追求体验没有任何延迟的理由，延迟或许只会导致"浪费机会"。体验的机会不需要也没必要做任何准备，它突如其来，如果不立即抓住就会消失得无影无踪（当然，即使抓住也会慢慢消逝）。你需要时刻准备去体验，没有什么特别适合的时刻，每个时刻都一样好、一样"成熟"。

况且，对于以选择作为生活模式的人而言，时机并不是他们能选择的。令人心动的机会何时出现不可预测，消费者必须时刻准备迎接机会。他们必须时刻保持警觉，在第一时间发现机会，竭尽所能把握机会。

如果说生产者社会是柏拉图式的，追求牢不可破的规则和事物的终极模式，那么消费者社会就是亚里士多德式的——务实、灵活，遵循船到桥头自然直的原则。理智的消费者唯一能掌控的，就是在已知的机会最密集的时间守候在已知的机会最多的地方。这种主动性只能采纳"实践智慧"（phronesis）。它是经验法则的集合，而不是万无一失的秘方或算法指令。因此，"实践智慧"需要大量的信任，需要安全的避风港让信任安全地停泊。于是，消费者社会也是咨询和广告的天堂,是预言家、算命先生、贩卖魔法药水的商人和点金术士的沃土。

总而言之,消费美学取代了工作伦理的统治地位。对于合格的消费者来说,世界是一个充满可能性的巨型矩阵,包含着更强烈的感受和更深刻的体验。评判世间万物的标准是激发人们感受和体验的能力——唤起欲望的能力,这是消费生活中最愉悦的阶段,比欲望得到满足更令人陶醉。根据这些能力的差异,所有的人、物、事件被标记在地图上。最常用的地图是美学的,而不是认知的或道德的。[①]

工作,更准确地说,人们从事的职业,现在不可避免地受到美学的深刻影响。如前所述,工作失去了它的特权地位,不再是自我构建和身份构建的轴心,也不再是道德关注的焦点,不再是道德改善、忏悔和救赎的必由之路。与生活中的其他活动一样,工作现在首先受到美学的审视。工作的价值取决于产生愉悦体验的能力,不能使人获得"内在满足"的工作没有价值。其他评判标准(包括所谓的道德救赎)则节节败退,无力使某些工作摆脱被美学社会视为"无用",甚至有损身

---

① 关于认知、审美和道德空间的区分,参见 Z. Bauman(1993)*Postmodern Ethics*. Oxford:Blackwell。

份的责难。

使命是一种特权

　　大家都知道，不同的工作给人带来的满足感差异很大。有些工作总是被追捧，被认为富有满足感或"成就感"，其他很多工作则被认为是苦差事。有些工作是"有意义的"，更容易被认为是一种使命，令人感到骄傲、自豪。然而，问题的关键在于，从伦理学的角度，严格地说任何工作都有价值，没有哪个低人一等，所有工作都能增加人的尊严，都同样服务于道德得体和精神救赎的事业。工作伦理认为，所有工作就本身而言都是"人性化的"，不管从事者得到的是什么直接乐趣（或没有乐趣）。尽职尽责能带来最直接、最具决定性、最充分的满足感。在这个方面，所有工作都是平等的。有少数幸运儿能够把职业作为真正的使命，并在自我实现时体验到引人入胜、令人沉醉的满足感，但这通常被归因为"职责完成得很好"的意识。这种意识对所有工作的执行者都是成立的，即使是那些最卑微、最没有吸引力的工作。工作伦理传达了一种平等的信息，它淡化了工作之间原本显著的差异，包括带来满足感的

能力、带来地位和声望的能力，以及能够提供的物质
利益。

对工作的美学审视则截然不同。它强调了区别，
放大了差异。它把某些职业提升到引人入胜的程度，
赋予其精致的美学内涵、真正的艺术性体验；其他那些
为了生计获取报酬的职业则根本没有任何价值。这些
"高大上"的职业对其欣赏者有同等的素质要求——良
好的品位、足够的修养、独到的眼光、无私的奉献精神
和优秀的教育。其他类型的工作一律被认为是悲剧，
一文不值，无论如何也不可能成为人们心甘情愿、自由
选择的标的。只有在迫不得已的情况下，在无法获得
任何其他生存手段的情况下，才有人会从事这类工作。

前者是"有趣的"，后者是"无聊的"。这两个简明
扼要的价值判断概述了赋予它们实质的复杂审美标
准。这种"不需要理由""不接受反驳"的直率，从侧面
印证了美学已取代伦理学，主导了工作的价值判断。
如同所有其他可以成为消费标的、被消费者自由选择
的事物一样，工作必须是"有趣的"——多样化、令人兴
奋、具有挑战性，包含适度的风险，并不断带来崭新的
体验。那些单调、重复、例行、缺乏冒险精神、不允许创
新、没有挑战、无法带来提升和自信的工作，就是"无聊

的"。很难想象一个成熟的消费者会自愿从事这样的工作,除非是在别无选择的情况下(即他本质上已经不是一个能够自由选择的消费者)。这类工作完全没有美学价值,在这个注重体验的社会里,不可能成为一种使命。

问题在于,在这个美学标准至高无上的世界里,那些令人厌恶的工作未能保留过去假定的道德价值。只有未经消费者社会改造、尚未皈依消费主义的人才会心甘情愿选择那样的工作,满足于出卖劳动力勉强生存(来自贫穷国家的第一代移民和"外来务工者",或四处寻找廉价劳动力的外来资本设立的工厂中雇佣的贫穷国家居民,都可以归为此类),其他人只有在被迫的情况下才会接受那些无法提供美学价值的工作。曾经隐藏在工作伦理外衣下的粗暴胁迫,今天赤裸裸地、毫不掩饰地显现出来。引诱和唤起欲望,这些在消费者社会中无比有效的整合/激励工具,此时也只能束之高阁。为了让那些已经皈依消费主义的人去从事那些经不起美学考验的工作岗位,必须人为地重新创造一种没有选择、迫不得已、为最基本的生存而奋斗的处境。只是这一次,不会再扯上什么崇高的道德救赎。

就像选择自由和流动自由一样,工作的美学价值成为消费者社会的一个有力的层级化因素。诀窍不再是最小化工作时间以腾出更多的休闲空间，而是相反，完全抹去工作与兴趣、爱好、娱乐之间的界限，把工作本身变成最令人愉悦的娱乐。娱乐式工作是一种最令人羡慕的特权，那些有幸得到这种特权的人，一头扎进工作提供的强烈感官享受和令人兴奋的体验中。"工作狂"没有固定的工作时间，7×24 小时地专注于工作的挑战。这些人并非过去的奴隶，而是当下幸运和成功的精英。

富有成就感的工作，能够自我实现的工作，作为人生意义的工作，作为生活核心的工作，作为骄傲、自尊、荣誉和名声的源泉的工作，简而言之，具有使命感的工作，成为少数人的特权，成为精英阶层的特有标志。其他人只能敬畏地远观、艳羡，只能通过低俗小说和肥皂剧来体验。他们在现实中没有机会从事这类工作，体验这种生活。

"灵活的劳动力市场"不提供终生职业，也不容许它们存在。对从事的工作产生感情，爱上这份工作，根据这份工作和运用的技能确定自己在世界上的位置，意味着成为命运的人质。鉴于所有工作的短暂性和所有合同中都包含的期限条款，这既不现实，也不值得推荐。除了少数的天之骄子，对于大多数人来说，在当今灵活的劳动力市场上，对工作从一而终会带来巨大的风险，会招致心理和情感上的灾难。

这样一来，勤奋和奉献的劝诫显得虚伪、空洞，理智的人最好能够洞察本质，看穿老板所布置游戏中的"使命感"外衣。老板其实并不指望员工们相信自己说的是肺腑之言，他们只希望彼此对这场游戏心照不宣，并据此行事。对老板来说，员工若真的接受所谓的"使命感"会积聚麻烦，下一次"裁员"或"合理化"时，这些麻烦就会爆发。道德说教或许可以在短期获得成功，但长远来看都会适得其反，因为这会转移人们的注意力，使他们偏离真正的使命——身为消费者的追求。

所有这些"该做"与"不该做"、梦想和代价、诱导和警告，交织成一幅奇景展现给苦苦寻求自己使命的人们。就伟大的运动员或某个领域中最耀眼的明星而言，在他们非凡的成就和声望之下，失去的是生命中所有可能阻碍成就的东西，他们摒弃了所有凡夫俗子珍视的乐趣。他们的成就无疑是最真实的。田径场或网球场是最能检验"真才实学"的舞台。如果歌手能够站在挤得水泄不通的狂热剧场中演唱，那么他/她的优秀性就毋庸置疑。在这些公开场合中，似乎没有矫揉造作、阴谋诡计、装腔作势、幕后操作的空间。所有这些都是真实的，每个人都在观看，并作出评判。这些关于使命的戏码自始至终都在拥趸面前公开上演（看似如此。事实上，表演的可靠度需要大量的脚本和筹划）。

被崇拜的明星如同其他被崇拜的圣明一样，可以被敬仰，被视为典范，却不可效仿。他们象征着人生的理想，也象征着人生理想的遥不可及。体育场和舞台上的明星格外富有，他们倾心付出、克己自律，最终收获了"以工作为使命"这则信条孕育的果实。咏诵那些网球、高尔夫、斯诺克或国际象棋锦标赛冠军令人瞠目结舌的奖金，或是足球运动员的转会费，与那些虔诚的信徒咏诵神的奇迹和殉道者的苦难一样，是这种崇拜的重要组成部分。

然而，明星收获的东西多么令人赞叹，他们失去的东西就多么令人胆寒。代价之一是这种荣耀过于短暂，明星从不知名处跃入苍穹，最终又回到不知名处销声匿迹。难怪运动员是使命伦理剧的最佳演员：这种成就必然短暂，如青春一般稍纵即逝。他们生动地展示了"以工作为使命"是一种自我毁灭、快速消亡的生活。使命可能多种多样，但最重要的是，它不是——无论如何在这个剧本中不是——一个贯穿一生的命题。使命只是生活的一个插曲，就像那些后现代的体验收集者收集的任何一种体验一样。

韦伯笔下的"清教徒"把自己的工作生活作为道德的修行，作为对神圣戒律的践行，他们认为所有的工作在本质上都是道德问题。今天的精英同样自然而然地认为所有的工作在本质上都是美学问题。就社会底层的现实生活而言，这种观念和前者一样，都无比荒唐。①它使人们相信，上层人士热情追求、自愿选择、珍惜且拥护的"灵活性"，对其他人也一定是一种无上的祝福，哪怕这种"灵活性"最终带来的与其说是选择的自由和自主的权利，不如说是安全感的丧失、被迫背井离乡和前途未卜。

---

① 哈维尔·艾曼纽利（Xavier Emmanuelli）嘲讽了另一种错觉（Le Monde，15 April 1997，p.11）。这种错觉是把精英主义的解释投射到社会层级更低的人身上的倾向造成的。四海为家、充满变化、不受家庭约束的生活方式在富裕阶层中备受推崇，年轻人离乡背井，涌入大城市，追寻"不一样的东西"。他们的勇气和自信总是被人们歌颂（且浪漫化），被视为在一个崇尚和回报个人创新的社会中开始生活的准备［回想一下诺曼·泰比特（Norman Tebbit）的演讲"骑着单车"］。艾曼纽利指出，"让穷人的孩子出发流浪是他们的'启蒙之旅'，让他们能够'找到自我'"，没有什么想法比这种理念更加错误了。"启蒙之旅"绝不是这种漫无目的、毫无前途的游荡，"没有什么比这更具破坏性"。

消费者社会的穷人

在生产者社会的黄金时代,工作伦理的影响远远超越了工厂车间和贫民窟。其理念勾勒出一个虽未实现但正确、适当的社会愿景,并提供了一个行为指导和境况评估的准绳。这个愿景的终极状态是充分就业,形成一个完全由劳动人民构成的社会。

"充分就业"在某种程度上显得模棱两可——既是一种权利,又是一种义务。视"劳动雇佣合同"中双方的哪一方援引该原则,权利或义务浮出水面。但与所有的规范一样,这两个方面都必须存在,以确保该原则的总体约束。充分就业作为"正常社会"不可或缺的特征,既意味着一种普遍的、自愿接受的义务,也意味着这个共同意愿被提升到公民权利的地位。

界定了规范也就界定了不正常。工作伦理规范把不正常概括在失业现象中——"不正常"就是不工作。意料之中的是,穷人的长期存在往往被解释为缺乏工作岗位或缺乏工作意愿。查尔斯·布斯(Charles Booth)和西伯姆·朗特里(Seebohm Rowntree)等人认为,"充分就业的情况下也存在贫困,因此贫困现象不能用工作伦理的传播不充分来解释"。这对英国的启蒙思潮来说是一种冲击。如果普及工作伦理是人们面对社会问题的首要考量，是诊治社会弊病的灵丹妙药，那么"就业中的穷人"这个概念本身就是一种鲜明的矛盾。

工作曾经是个人动机、社会整合和系统再生产的交汇，但现在它离这个核心位置越来越远，如前所述，曾经作为最高管理原则的工作伦理正在逐渐降格。如今，它退出了（或者说被挤出了）许多它曾经直接/间接统治的社会生活、个人生活。非就业人口或许是它最后的退路，或者说最后的生机。把穷人的悲惨遭遇归咎于他们不愿意工作，指控他们道德沦丧，把贫穷说成是对罪恶的惩罚，这是工作伦理在新的消费者社会能做的最后贡献。

人类历史的大部分时间里，贫穷意味着直接威胁人的物理生存——因为饥饿、病重时无人照顾或缺乏住所而面临死亡的威胁。目前全球仍然有很多地方面临着这样的危险。即使提升穷人的生存条件，使他们脱离仅能勉强生存的境遇，贫穷仍意味着营养不良、变幻莫测的气候的威胁和无家可归——相较于特定社会中公认的营养、衣着和住宿的应有标准而言。

贫穷并不仅限于物质匮乏和身体上的痛苦，也是一种社会和心理状况。每个社会都有"体面生活"的衡量标准，如果无法达到这些标准，人们就会烦恼、痛苦、自我折磨。贫穷意味着被排除在"正常生活"之外，意味着"达不到标准"，从而导致自尊心受到打击，产生羞愧感和负罪感。贫穷也意味着与既定社会的"幸福生活"无缘，无法享受"生活的馈赠"。随之而来的是怨恨加剧，并以暴力行为、自惭形秽或兼而有之的形式表现出来。

消费者社会中，"正常生活"是合格消费者的生活，他们专注于从各种公开的机会中选择，以获取愉悦的感受和生动的体验。"幸福生活"的定义是：抓住很多机会，错过的机会很少，甚至没有，抓住最被人乐道、最被羡慕的机会，而且最好捷足先登，不落于人后。和其他各类社会一样，消费者社会的穷人没有机会过上正常生活，更不用说过上幸福生活。在消费者社会中，一个人无法幸福地生活，甚至无法正常地生活，就意味着他/她是失败的消费者，或者说是有缺陷的消费者。所以，消费者社会的穷人，被社会，也被其自身定义为有瑕疵的、有缺陷的、不完美的、先天不足的消费者。简而言之，就是不合格的消费者。

在消费者社会里，作为消费者的不合格是导致个人社会降级和"内部流放"的首要原因。正是这种不合格、这种无法履行消费者义务的无能,转化为痛苦,他们被抛弃、被剥夺、被贬低、被排除在正常人共同享用的社会盛宴之外。克服这种不合格被视为唯一的救赎,是摆脱屈辱困境的唯一出路。

彼得·开尔文(Peter Kelvin)和乔安娜·E.贾勒特(Joanna E. Jarett)曾研究"消费者社会中失业的社会心理影响"①。他们开创性地发现,有一种境况对失业者来说特别痛苦:"似乎永无止境的空闲时间"加上他们"无法利用这些时间……日复一日,他们的大多数时间都没有安排"。失业者无法以任何有意义的、令人满意的或有价值的方式安排时间:

> 失业者最常抱怨的问题之一是感觉被关在家里……他们不仅认为自己无聊、沮丧,(而且)看到自己这样(实际上也正是这样)更使他们烦躁不安。烦躁成了失业者日常生活的特征。②

斯蒂芬·赫琴斯(Stephen Hutchens)从受访者(年

---

① ② P. Kelvin and J.E. Jarrett (1985) *Unemployment: Its Social Psychological Effects*. Cambridge: Cambridge University Press, pp.67-69.

轻的男性和女性失业者)中得到了他们对自己生活感受的报告:"我很无聊,很容易沮丧——大多数时候我只是坐在家里看报纸""我没钱,钱总是不够,我真的很无聊""我通常躺着,除非去见朋友,有钱了就去酒吧——实在无足称道"。赫琴斯最终得出结论:"显然,用于描述失业经历最高频的词是'无聊'……无聊,不知如何打发时间,'无事可做'。"①

消费世界不允许"无聊"存在,消费文化致力于消除它。按照消费文化的定义,幸福的生活是绝缘于无聊的生活,是不断"有什么事发生"的生活,新鲜又刺激,因为新鲜所以刺激。消费市场作为消费文化的忠实伙伴和必不可少的补充,能够防止烦躁、无聊、审美疲劳、忧郁、绝望或厌倦——曾经困扰富裕舒适生活的所有疾病。消费市场确保任何人在任何时候都不会因为"尝试过所有的东西"而绝望或沮丧,从而失去生活的乐趣。

弗洛伊德在消费时代来临之前指出,并不存在所谓的幸福状态,我们只有在满足了某个令人烦恼的需求时,才会获得短暂的幸福,紧接着就会产生厌倦感。

① S. Hutchens(1994) *Living a Predicament*:*Young People Surviving Unemployment*. Aldershot:Avebury,pp.58,122.

一旦欲望的理由消失，欲望的对象就失去了诱惑力。然而，事实证明，消费市场比弗洛伊德更有创造力，它唤起了弗洛伊德认为无法实现的幸福状态。秘诀在于：在欲望被安抚之前激发新的欲望，在因占有而感到厌倦、烦躁之前替换新的猎物。永远不出现厌倦——这才是消费者的生活准则，也是切实可行的准则、触手可及的目标。达不到这个目标的人只能怪自己，并容易成为他人鄙视和谴责的对象。

想要缓解无聊，就需要花钱。如果想一劳永逸地摆脱这个幽灵的纠缠，达到"幸福状态"，就需要大量的金钱。欲望是免费的，但实现欲望，进而体验实现欲望的愉悦状态，需要资源。对抗无聊的药方不在医保范畴，金钱才是进入治疗无聊的场所（如商场、游乐园或健身中心）的通行证。这些场所的存在本身就是最有效的疫苗，可以预防疾病的滋生，它们存在的意义是让欲望不断沸腾，永不停歇，也无法停歇，但由于预期的满足而深感欢愉。

所以，无聊是消费者社会特有的社会分层因素产生的心理学结果。这些因素包括：选择的自由度和丰富度、流动的自由度、消除孤立和组织时间的能力。在社会分层的心理学维度中，它或许是那些处于社会底层的人们最痛苦的感受，也是他们最恼怒、最抗拒的感受。急于摆脱无聊或减轻无聊，是他们行为的主要动机。

然而，实现目标的难度也是巨大的。消解无聊的常规措施对穷人是可望不可即的，所有非常规的、别出心裁的措施必然又被视为非法，受到秩序维护者和法律的惩罚。荒谬的是（其实也不那么荒谬），挑战法律和秩序成为穷人最愿意用来对抗无聊的冒险，毕竟富裕的消费者相对安全的方法对他们过于遥远。在这种冒险中，期望和可承担的风险都经过了谨慎的权衡。

如果说穷人的基本特征是有缺陷的消费者，那么，贫民区的人们几乎很难得当地安排他们的时间，特别是以一种被公认为有意义的、令人满意的方式。懒惰的罪名总是危险地盘旋在失业者家园的上空，只能以夸张、过度、最终流于形式的家庭劳碌与之对抗（尤其是在 20 世纪 30 年代的大萧条时期），比如擦洗地板和窗户，清洁墙壁、窗帘和孩子们的衣物，打理后花园。即使在有缺陷消费者聚集的贫民区，人们仍无力抵御作为一个不合格消费者的污名和耻辱。按照周围人的标准去做是不行的，因为得体的标准已经被设定

了，并不断提升。它来自远离邻里守望的地方，来自
报纸杂志和光鲜亮丽、永不间断地传递消费者福音的
电视广告。贫民区那些绞尽脑汁的替代品不堪一击，
不值得骄傲，无法减弱自卑的痛苦。关于一个人是否
是合格消费者的评价来自远方，本地舆论根本无法与
之抗争。

杰里米·西布鲁克（Jeremy Seabrook）曾提醒过他
的读者，当今社会依赖于"制造人为的、主观的不满足
感"，因为本质上"人们满足于自己拥有的东西才是最
可怕的威胁"。[1]于是，人们真正拥有的东西被淡化，被
贬低，被较富裕的人锋芒毕露的奢侈消费所掩盖："富
人成为被普遍崇拜的对象。"

回首过往，曾经作为英雄被大众崇拜的是"白手起
家"的富人，他们严格、执着地履行工作伦理并获得了
回报。时过境迁，现在大众崇拜的对象是财富本
身——财富是最梦幻、最奢华的生活的保障。重要的
是一个人能做什么，而不是应该做什么或已经做了什
么。富人普遍受人爱戴是因为他们选择自己生活的神
奇能力（居住的地方、共同生活的伴侣），并能随心所

---

① 　J. Seabrook（1988）*The Race for Riches*：*The Human Cost of Wealth*.
Basingstoke：Marshall Pickering，pp.163，164，168-169.

欲、不费吹灰之力地改变它们。他们似乎永远游刃有余，周而复始，没有终点，未来永远比过去更精彩、更诱人。需要特别指出，对富人唯一重要的是他们的财富为他们打开的广阔前景。他们看起来确实是以消费美学为指引的，他们对消费美学的掌握（而非对工作伦理的服从和经济上的成功）才是他们高人一等的核心，是他们获得普遍崇拜的原因。

西布鲁克指出，"穷人与富人并非生存于相互独立的文化中。他们只能生活在同一个世界里，而这个世界是为有钱人的利益设计的。穷人的贫困不但因经济增长而加剧，也因经济衰退和停滞而加剧"。我要补充的是，"因经济增长而加剧"，具有双重意义。

首先，无论现阶段的"经济增长"指的是什么，随之而来的都是以"灵活的劳动力"替代铁饭碗，以"活络合同"、固定期限合同、临时性雇佣、裁员重组和"企业优化"替代工作保障——所有这些最终都在削减就业数量。后撒切尔时代的英国或许最能说明这种关联，它同时也是所有这些"增长因子"最狂热的捍卫者，是被西方世界广为赞誉的、获得最惊人"经济成功"的国家，也是全球富裕国家中贫穷问题最耸人听闻的地方。联合国发展计划署撰写的最新《人类发展报告》发现，在所有的西方国家（地区）或西化国家（地区）中，英国的穷人是最穷的。英国近四分之一的老人生活在贫困中，是"经济困难"的意大利的五倍，是"落后"的爱尔兰的三倍。五分之一的英国儿童生活在贫困中，是中国台湾和意大利的两倍，芬兰的六倍。总而言之，"在撒切尔夫人执政期间，处于贫困线的穷人比例猛增了近60%"。①

其次，在穷人变得更贫穷的同时，非常富有的人——那些消费美德的典范——却更加富有。近来创造了"经济奇迹"的英国，最贫穷的五分之一人口的购买力低于其他任何一个西方大国的同等人群，而最富有的五分之一人口却是欧洲最富有的人群，后者所享有的购买力相当于传说中富裕的日本精英阶层。穷人越是贫穷，展现在他们面前的生活模式就越高高在上，越匪夷所思，令他们崇拜、觊觎，渴望效仿。因此，"主观上的不满足感"，以及随之而来的耻辱和污名化造成的痛苦，由于生活水平下降和相对贫困恶化的双重压力而加剧。目前，这两种压力都因放松管制、自由放任的经济增长而加剧，非减轻。

---

① 引自 G. Lean and B. Gunnell 的报告，UK poverty is worst in the West，*Independent on Sunday*，15 June 1997。

消费者梦想的天空越升越高，曾经帮助力有不逮的人们飞往天堂的恢弘飞行器耗尽了燃料，被丢弃在"过气"的废品场，或者被重造成了警车。

第二部分

第三章
福利国家的兴衰

"福利国家"(welfare state)的概念传达了这样一种思想：国家有责任和义务保障其所有公民的"福利"——不仅仅是维持生计，而是在身处的社会中有尊严地生存。这个概念把公共福利①理念——集体保障

---

① "公共福利"来自科尔·曼恩(Kirk Mann)。他在讨论1955年理查德·提姆斯(Richard Titmuss)提出的财政福利、就业福利和社会福利区别时引入了这个术语。曼恩指出，把"社会福利"和另外两者分开"有一些误导性，因为其他两者显然也是社会性的"，他建议用"公共福利"这个词语替代"社会福利"。曼恩说，"它是公众的，因为它是显而易见的，普通大众知道这就是福利国家的元素"。（参见 K. Mann(1992) *The Making of an English Underclass*：*The Social Divisions of Welfare and Labour*. Buckingham：Open University Press，p.13.）我在这里使用的"公共福利"概念，在某种意义上和曼恩所说的"公共福利"略有不同。这是一个通用的，包括一切集体保险的个人福利的概念——无论这种福利采用何种形式，也无论其主管机构是谁。

个体有尊严的生活——所蕴含的责任强加给国有的和国家资助的机构。公共福利可以被看作是一种集体保险，由集体的所有成员共同承担。它承诺按个体需求而非个体支付的保险金额进行补偿。公共福利原则的纯粹形式是个体需求的平等，它凌驾于消费能力的不均衡之上。福利国家的理念责成国家机关负责落实这个原则。

公共福利的理念，尤其是福利国家的理念，与工作伦理的关系有些模糊不清。事实上，福利理念与工作伦理的核心理念存在两种截然相反、难以调和的联系，由此成为一个长期争论不休的话题，至今没有一个能够服众的解决方案。

一方面，主张以集体力量保障个体福利的人承认，以工作支撑生活应该是一种正常状态，但他们也指出，由于很难为所有人提供长期就业，我们距离这种正常状态还很遥远，为了实现工作伦理的愿景，需要帮助那些落后的人。我们需要帮助暂时失业的人渡过难关，帮他们做好准备随时重返"正常生活"，即一旦经济复苏，工作机会重新开放，他们就能够就业。这种观点下，福利国家能够很好地支持（作为社会健康的基本规范和衡量准绳的）工作伦理，帮助它克服在持续、普遍的实践过程中遭遇的各种困难。

另一方面,公共福利的理念宣称,应该在任何时候都保证国家的所有公民"有权"过上体面的、有尊严的生活,即使他们对公共财富没有任何贡献。因此,公共福利允许(明示或暗示)把公民生活与"对社会的贡献"分离开来,生产贡献只应在职业范畴中讨论,由此削弱了工作伦理最神圣的、最不容置疑的前提。这种理念使有尊严的生活成为政治性的公民权利问题,而不是经济绩效问题。

这两种观点之间的矛盾显而易见。因此,自20世纪初福利国家的理念诞生以来,它就一直处于争议的中心。双方的理由都很充分,一些人坚持福利国家是对于工作伦理的必要补充,另一些人则认为福利国家是反对工作伦理的具有政治动机的阴谋。

这还不是唯一的争议焦点。伊恩·高夫(Ian Gough)问道,福利国家是"一个用于压迫的工具,还是一个扩大需求,减轻自由市场经济残酷性的制度?是扩大资本积累和利润的助力,还是如工资袋中的现金一样是应该被捍卫、去扩增的社会性工资?是资本主义的欺诈,还是工人阶级的胜利?"[1]他试图解决困惑,结束这

---

[1]　I. Gough(1979) *The Political Economy of the Welfare State*. London: Macmillan, p.11.

个旷日持久的争论。最合理的解释是,福利国家具有所有这些特征,且远不止这些特征。

福利国家出现在下述压力或需要的交汇点:处于困境的资本主义经济,无法在缺失政治帮助的状态下只依靠自己的力量生存;有组织的劳工,无法在缺失政治帮助的状态下确保自己不受"经济周期"的影响;通过减轻最令人不能忍受的社会不平等来保护和重申社会不平等原则;通过边缘化无法参与再生产的人来刺激社会接受不平等;以及帮助社会成员安然度过不受政治控制的经济冲击。

所有这些强大的、异质的驱动力汇聚在一起,诞生于(工业化的、资本主义的、市场化的、民主的)现代社会某个高级阶段的福利国家,确实是"多因素决定的"。这些压力促使福利国家诞生,且多年来不断为其注入新的活力。这些压力如此巨大,以至于一般人都认为,由国家管理的福利体系是现代生活自然的组成部分,就像民选政府和货币一样。

直到最近,舆论的风潮还在忠实地支持这个人类智慧的结晶。即使是最敏锐、最有见地的观察家,也很难设想不存在福利国家的现代社会。1980 年 2 月,作为最敏锐的时代趋势分析者,克劳斯·奥费(Claus

Offe)呈送佩鲁贾会议的一篇论文断言,福利国家在某种意义上"已经成为一种不可逆转的结构,要废除这种结构,就必须废除政治民主和工会,并从根本上改变政党制度"。这篇论文在1981年10月发表。奥费完全认同当时的普遍观点,把"废除福利国家的设想"斥为"一些旧中产阶级思想家政治无能的白日梦"。确实,如果没有福利国家,生活的艰辛可能令人无法忍受:

> 如果没有大规模国家补贴的住房、公共教育和卫生服务,以及大规模的强制性社会保障计划,工业经济的运作将不可想象……福利国家令人尴尬的秘密是,它对资本主义积累可能有着破坏性的冲击……废除它显然也有毁灭性的后果……矛盾在于,虽然资本主义不能与福利国家和平共处,但没有福利国家,它却难以为继。①

在奥费写这篇文章的时候,所有这些看上去都是真的。废除甚至大幅削减福利国家的想法,把集体保险交由私人企业去做,把福利体系"私有化"或"去政府

---

① C. Offe(1984) *Contradictions of the Welfare State*. London：Hutchinson，pp.152-153.

化"，看来都不过是空想者的白日梦。然而，不到二十年后，白日梦变成了现实。一个不是福利国家的国家，一个缺乏国家管理的社会保障体系的资本主义经济，如果说在最富裕、最为"经济成功"的社会中还没有成为现实，至少也越来越成为一种清晰的可能。目前看来，使这种情况成为现实的力量势不可挡。

以任何标准衡量，这都是福利国家命运的一次戏剧性逆转。工作伦理在其中的作用是什么，或者说它被描绘出的作用是什么？这个巨变又会对工作伦理未来的前景产生什么影响？

服务大众，还是服务特定人群

威廉·贝弗里奇（William Beveridge）爵士即便称不上英国的福利国家之父，至少也是英国福利国家的主要推动者。如今，在经历了玛格丽特·撒切尔（Margaret Thatcher）、诺曼·特比特（Norman Tebbit）和基思·约瑟夫（Keith Joseph）等人多年的"新自由主义"思想熏陶之后，在经历了米尔顿·弗里德曼（Milton Friedman）、弗里德里希·哈耶克（Friedrich Hayek）发起的"新自由主义"改革之后，很多人可能很难想象，与其说贝弗里奇是一个社会主义者(如果算不上社会民主政策左派批评家的话),倒不如说他是一个自由主义者。贝弗里奇把自己全面施行福利国家的蓝图视作自由主义美好社会理念的合理又必然的实践:"我相信我的抱负本质上属于自由主义实践——这是一个通向伟大的自由主义新世界的历程"。因为"平等享有一切基本的自由"是"自由主义的终极目标……我们可以也应该利用社会的组织力量增加个体的权利。"如果社会不能保证所有成员都"免于匮乏和对于匮乏的恐惧,免于失业和对失业的恐惧",那么这种自由和权利就不是人人生而平等的自由。①

对威廉·贝弗里奇这样的自由主义者来说,仅宣称人人享有自由是不够的,还必须确保所有人都能够并愿意行使他们根据法律拥有的自由。正是这样的理念下,贝弗里奇撰写了《社会保险和相关服务报告》(*Report on Social Insurance and Allied Services*),提交给当时致力于迎接战后和平的政府。该报告用贝弗里奇的腔调说:

① Sir W. Beveridge(1945)Why I am a Liberal,quoted in E.K. Bramsted and K.J. Melhuish(eds)*Western Liberalism*:*A History in Documents from Locke to Croce*. London:Longman 1978,pp.712 ff.

······制订一项社会保障计划，以确保国家每一个工作过、作出贡献的公民，如果由于任何原因（疾病、事故、失业或年老）不能工作，无法通过劳动获得收入以维持他和依赖于他的人的体面生活时，可以有一份足以维系生活的收入，且这份收入不会因为他拥有其他资产而削减。

显然，这份报告发表于工作伦理长达两个世纪无可非议的统治之后。工作伦理完成了它的任务。它让所有人明白，每一个正常和健全的人（男性），只要有能力，就应当工作。在 20 世纪中叶，这被视作理所当然。唯一需要解决的问题是，如果由于某种原因没有工作可做，或无法工作，该怎么办。正是对这种情况的恐惧折断了人们的翅膀，使他们失去进取心，也剥夺了他们面对风险的勇气。具有针对性的社会保险将消除人们对于丧失能力的恐惧，使他们能够从容应对个人价值实现过程中的各种风险。实现个人价值的自由需要免于匮乏，免于失业，也免于对匮乏和失业的恐惧。

如果这种自由不能覆盖社会的每一个成员，只针对那些（伤害发生后）已经失败的人，即那些"一无所有"的、不幸的、失去能力的社会成员，这种预防和支持的理念显然就失去了意义。如果像今天大多数政治家提议的那样，把帮助聚焦于最需要帮助的人，就根本无法实现贝弗里奇的宏伟目标。对勇敢、自主、自信、自强的人类来说，如果仅在恐惧已经完成了它的毁灭性任务，匮乏和失业变成可怕的现实之后才提供援助，这对他们实现自由主义梦想毫无助益。

即使从纯粹的成本效益角度，"有侧重点的"需要经济审查的援助也是一个糟糕的主意。如果贝弗里奇的策略奏效，福利国家就可以逐渐完成自己的使命；但如果允许恐惧像过去一样困扰人们，只会使受害者的队伍成倍增加，从而持续推高援助成本。因此，我们的任务是消除恐惧本身。为了做到这一点，需要确保那些即使因为幸运或未雨绸缪而"保有一些财产"的人，所得到的援助也"不会因经济审查而削减"。

因为主张取消经济审查，贝弗里奇的设想几乎得到了普遍好评。可能有极少数人对加诸于己的财务成本担忧，但事实上没有人抱怨"负担不起"（就像正常家庭的所有成员都同意每个人拥有平等的食物权，无需事先清点确认现有食物是否充足）。正如阿兰·迪肯（Alan Deacon）和乔纳森·布拉德肖（Jonathan Bradshaw)在他们关于经济审查历史的著名作品[1]中指出，贝弗里奇的报告正是因为主张废除经济状况调查，才会"受到广泛的欢迎"。

当国民保险法案（National Insurance Bill）最终成为法律时，《经济学家》（1946年2月2日）认为它"实质上废除了经济审查"。但事实上，这种废除从未真正发生过：到1948年底，英国有三种基于经济审查的福利，覆盖了约200万国民。之后的岁月里，需要经济审查的社会服务持续增加，这个数字也快速扩张。到1982年12月，各种形式的经济审查已经影响到1 200万人——这种增长速度是公共生活的其他任何领域难以企及的。

普遍性和选择性（经济审查）的社会福利制度造就了两种完全不同的福利国家模式，两者产生了不同的社会影响和文化影响。各类人群对它们的感知，它们的政治命运预期，也大相径庭。

选择性社会保障正无情蚕食普遍性社会保障，理查德·蒂特马斯（Richard Titmuss）和彼得·汤森

---

[1] A. Deacon and J. Bradshaw(1983) *Reserved for the Poor*：*The Means Test in British Social Policy*. Oxford：Basil Blackwell & Martin Robertson, p.1 ff. 42.

(Peter Townsend)可能是最积极对抗这种趋势的人。1968年,蒂特马斯不顾一切地试图阻止这种转变。他提醒读者:"为穷人提供的总是最差的服务"①——若只服务于众所周知缺乏政治力量和公众话语权的贫困人口,选择性社会保障只能吸引最差而不是最好的专业人士和管理者。两位作者一再指出,无论这种业已严峻的负面影响是否真实存在,把社会福利局限于通过经济审查的穷人,对作为整体的社会会造成深远的负面影响。只有当社会服务面向整个社会,惠及所有民众时,才能"像战争期间那样促进社会融合和团体意识"。

事实上,取消经济审查,会使受益者群体(在这种情况下,即全体人口)认为福利国家的支出是值得的,毕竟这些钱被用于提供"一个人能买到的"最好的、最慷慨的、最值得信赖的保险,以抵御各种厄运。于是,整个社会被视为一个安全的家园,权利与义务在这里能够逐渐达到最适当(且最优)的平衡。把服务的范围用经济审查的结果来限定,社会就会立即分裂为二元:付出而没有得到任何回报的人和不付出就能有所

① R. M. Titmuss(1968)Commitment to Welfare. London: Allen & Unwin, p.143.

得的人①。利益理性于是和团结道德对立起来，道德变成了一个人"能负担什么"的问题，或者说在政治意愿上一个人愿意分享什么的问题。

经济审查总体的效果是分化而非融合，是排斥而非包容。新的、更小规模的纳税人群体，使用政治力量把那些具有缺陷的公民归为另类，也借此完成对自己的构建。他们不断吸纳自己的成员，不遗余力地把那些失败者边缘化，作为他们没有能力达到公认标准的惩罚。R.博伊森（R. Boyson）之流愤怒又自以为是地认为，钱"从精力充沛、成功、节俭的人那里拿走，施舍给闲散的、失败的、无能的人"②，这种观点得到了越来越多的共鸣。那些接受福利援助的人无异于敲诈勒索，他们必须是失败者，由此社会的大多数人就可以把自己的幸运归结于节俭，把自己的人生看作成功的故事。正如乔尔·汉德勒（Joel F. Handler）所言，通过对被排斥者的污名化，社会主流人群的真正或假定的价

---

① 最近，新当选的一位"新工党"部长大卫·布兰克特（David Blunkett）很好地阐述了这种观点。他在1997年7月29日给《卫报》的一封信中，把福利国家的概念——他称之为"低效且不可持续的"——简化为"把钱从社会的一部分人转移给另一部分人"。

② R. Boyson（ed.）（1971）*Down with the Poor*. London: Churchill Press, p.5.

值得到了强化："观察者通过构建他人来构建自己。"①

　　所造成的伤害并没有到此为止。福利国家沦为只服务于小部分人（大众眼中的低等人）的工具，其最重要的长期影响是政治的式微和主流民众政治热情的消退。对于大多数公民来说，对政治的关注只剩下让财政之手远离他们的口袋。没有什么其他内容与大多数公民利益攸关，他们对国家几乎没有更多期望，于是积极参与社会政治生活的理由也越来越少。福利国家的"缩水"与积极参与政治的公民数量萎缩相伴而行。

福利国家的衰败

　　这似乎是无情偏向经济审查带来的"意外后果"，或如茹饶·费尔格（Zsuzsa Ferge）和 S. M. 米勒（S. M. Miller）所言，是"准蓄意的"或"有导向但非计划的"结果②。不过，人们不禁要问，福利国家从任务清单中删除了"社会归属感"，到底如蒂特马斯和汤森所说，是

---

① J. F. Handler and J. Hasenfeld（1991）*The Moral Construction of Poverty*. London：Sage，p.16.

② Z. Ferge and S. M. Miller（eds）（1987）*Dynamics of Deprivation*. Aldershot：Gower，p.297 ff.

一个致命的短视问题，还是如那些经济审查的倡导者坚持的，是经济平衡恶化导致的无可挽回的结果。

前文提到过，福利国家在工业化世界闪亮登场，立即在政治上取得了惊人的成功。它的整个发展实际上未遭遇任何抵抗，这可以归咎于它的多因素决定性：那些原本对立的、多方的利益与压力的会聚。福利国家的屹立不倒，屡屡被归功于社会阶级之间不成文的"社会契约"——如果没有福利国家，社会阶层的矛盾就难以调和。福利国家的持久存在曾用它缔造与维持和平的能力来解释：它更能确保工人接受资本家设定的规则，且代价更低——相对于依靠强制措施的工作伦理而言。

今天福利国家的溃败，曾经满怀热情的支持者的快速消失，以及公众对于削减、取消福利供应，甚至摒弃福利国家看似不可动摇的原则的冷漠，都暗示着一种类似的"多因素决定性"。用人们意识形态的转变，或新自由主义、货币主义、新保守主义的流行来解释福利国家的今非昔比，无异于本末倒置。首先需要回答的问题是，为什么新自由主义能够找到如此广泛和精准的受众，不费吹灰之力就达到了目的。克劳斯·奥费在 1987 年的文章《民主反对福利国家？》(*Democracy*

Against the Welfare State?)中写道,福利国家正在迅速失去政治支持的事实,"既不能用经济和财政危机完全解释,也不能用强调新保守主义菁英和意识形态崛起的政治观点完全解释。现有福利国家体系对正义性、合理性的道德诉求也无法挽救它"①。

事实上,以上这些常见的观点终究是对已经发生的一切进行政治合理化和意识形态辩解,而非解释这种转变的根源。新保守主义的崛起不是一种解释,其本身就是一种有待解释的现象。另一个需要解释的谜团是,为什么曾经促进和推动福利国家稳步扩张的"正义、合理的道德诉求",现在几乎无一例外地被用于激进削减和遣散福利国家。

如果不是因为福利国家式的公共保险和资本主义经济需求之间的共鸣,很难想象多因素决定的福利国家,最初能够在一个资本主义主导的社会中获得广泛政治支持。此外,福利国家在长期的"劳动力再商品化"过程中也发挥了至关重要的作用。通过为贫困家庭的孩子提供良好的教育、适当的医疗服务、体面的住所和健康的营养品,它保证了资本主义工业可雇佣劳

---

① C. Offe(1996)*Modernity and the State*:*East*,*West*. Cambridge:Polity Press,p.172.

动力的稳定供给，这是任何公司或集团都无法做到的。资本主义生产方式的延续有赖于源源不断地购买劳动力，所以必须把未来的劳动力变成未来的雇主愿意购买的商品。福利国家建立了随时准备服役的劳动力"后备军"，并帮助他们在不需要服役时保持良好的状态。

然而，现在雇主们不再需要国家帮他们管理后备劳动力，多余的劳动力可能永远不会再成为商品。不是因为有质量缺陷，而是因为需求消失了。本地劳动力市场可能还会出现临时的、偶尔的、"灵活的"（即不是"极端定型的"或"深度训练"的）劳动力需求，但不再需要那些福利国家黄金时代培养出的受过良好教育、强健、自信的劳动力。现代工业世界可能仍然需要少量老式的劳动力，但考虑到金融已经获得新的移动自由，放松管制的资本主义企业也拥有了珍贵的灵活性，这类需求可以在其他遥远的国度得到满足。马丁·伍拉科特（Martin Woollacott）最近的一篇评论很好地讨论了这种趋势：

瑞典和瑞士合资的 ABB 集团宣布将削减57 000 名西欧员工，同时在亚洲创造其他就业机会。随后,伊莱克斯(Electrolux)宣布将在全球范围内裁员 11％,其中大部分裁员在欧洲和北美。皮尔金顿玻璃(Pilkington Glass)也宣布大幅裁员。短短十天内就有三家欧洲公司裁员,其规模相当于法国和英国政府提案中创造就业的数量……众所周知,德国在 5 年内失去了 100 万个工作岗位,德国的企业正忙于在东欧、亚洲和拉丁美洲建厂。如果西欧工业大规模地迁移到西欧以外的地方,所有那些政府关于提高就业率的讨论就都是空中楼阁。①

如果增加劳动力就能源源不断地产生利润,雇主当然乐得把"劳动力再商品化"的成本转嫁给财政部。不过,这种情况逐渐不复存在。公司业绩的大部分收益都是通过"前期"支出(达到总成本的 80％ 左右)实现的,其中并不包括大量雇佣的劳动力。逐渐地,雇员从资产变成了负债。经理人,特别是顶级公司的高层经理人,因为成功裁员而获得了丰厚的回报,比如大通曼哈顿银行的董事总经理托马斯·拉布雷克(Thomas

---

① M. Woollacott (1997) Bosses must learn to behave better again, *Guardian*, 14 June.

Labrecque),因为裁减了 1 万个工作岗位而获得 900
万美元的薪水。股东的选择得到了证券市场的认同
和支持。雷诺公司的老板路易斯·施韦泽(Louis
Schweitzer)对公众舆论就雷诺关闭比利时工厂的愤怒
反应感到困惑和委屈,毕竟这个举动得到了证券市场
(商业智慧的最终体现)的大力支持:雷诺公司的股票
因此大涨了 12%。①

　　虽然增加了税务负担,但从企业角度来说,国家管
理的福利体系还是非常不错的投资。如果一家企业打
算扩大规模,雇佣更多劳动力,它可以随时从国家福利
体系的用户池中募集。然而,时代发生了转变,现在是
以股票价值而非产品数量衡量企业的成败。伴随着劳
动力在生产过程中的作用迅速下降,以及企业全球化
布局的自由,投资福利供应的吸引力大幅下降,以更少
的代价就能获得等价甚至更好的效果。在遥远的国
度,在缺乏公共福利压力的政府的支持下获得"方便
旗"②,似乎是一个更好的主意。当地政府允诺了不需

---

① D. Duclos (1997) La cosmocratoie, nouvelle classe planetaire, *Le Monde Diplomatique*, August, pp.14-15.
② 方便旗(flags of convenience)原指商船为逃避税收而在别国注册并挂该国旗帜。——译者注

要承担责任的机会。当这种"具有经济意义"的机遇到来，那些严苛竞争压力下头脑灵活的商人无不趋之若鹜。

这种新获得的全球流动自由消减了补充劳动力的经济负担：取之不尽、用之不竭的，新鲜、顺从、没有被宠坏的劳动力正在远方招手。这个星球上，部分地区已经充满老于世故的消费者，但也还存在广袤的处女地，那里存在不需要激发消费欲望就能获得的顺从劳动力，那里的人为了维持生计而卑微地工作。但是，在本地市场，你需要源源不断地创造新的欲望，并保持雇员工资增长，以确保这些欲望能够变成普遍切实的需求。

资本主义再生产的逻辑是，把消费者欲望作为主要的社会动员和整合力量，作为解决冲突和秩序维持的主要手段，从长远来看，这会使"劳动力成本过高"。那些被资本主义生产方式耕耘过的连绵土地迟早都会枯竭，成为收益递减规律的牺牲品。为了保持生产利润，必须寻找新的处女地、未被开垦过的土地。这种困境在很大程度上解释了为什么要拆除所有妨碍贸易自由，特别是妨碍资本自由流动的障碍，以及为什么同时要扎紧禁止劳动力自由流动的藩篱。现在，在全球范围内正发生的事情是,资本的先知们发现,相较于把远方的廉价劳动力招募到本土,不如自己直接去那里更加方便、成本更低。

因此,"劳动力后备军"以及其维持成本逐渐全球化,但所有的福利供应仍像国家权力机构本身那样是以国家为界线。国家的臂展触及不到真正重要的地方。对资本的扩张和安全性来说,老套的国家援助变得无关痛痒。商人深知,如果想获取更好的收益,最好是不再局限于本地。他们需要为自己代言的总理和外交部部长,在扩张的旅程中向远方的政府引荐他们,并在必要时提供扶持。

现在,在支撑福利国家的利益关系中,最主要的利益关系已经被移除。失去了经济基础,整个利益集群分崩离析。对"劳动力再商品化"的投资已经没有任何收益,一旦被要求承担社会福利成本,优秀的商人就会利用新获得的全球化自由,把他们的资金和企业带到国外,带到那些索求更少的地方。因此,那些坚持保持福利标准不变的政府被"双重打击"的恐惧所困扰:无家可归、一无所有的人蜂拥而入,资本(以及潜在的收入来源)蜂拥而出。

可以想象,只有允许压低本地劳动力成本,雇主才会留下来。但在这个方面，福利国家的核心理念，即国家对公民最低限度的生存保障，是一个巨大的障碍。更重要的是，大规模地贫困化本地劳动力，从长远来看（也许不需要很久）会产生负面的效果。本地劳动力也是本地的消费者，消费品生产者正是把经济成功的希望寄托在他们的偿付能力和购买意愿上，并从中寻求对抗利润下降和破产的保障。

即使福利国家受到经济基础崩溃的威胁，但它曾经获得的跨党派、跨阶级的政治支持，难道不足以支持它继续前进吗？而且，一直以来历史都向我们表明，民主的包容性越强，它就越果断地走向对弱者的保护，走向集体保险。选举权从普及的那一刻起，就一次又一次地把权力赋予那些承诺借集体力量驱逐个体苦难的政客。福利国家的原则在民主体系之下似乎很安全。事实上，国家行政层面对弱者的保护在持续发展，这鼓舞了自 T. H. 马歇尔（T. H. Marshall）以来的政治学家，把社会权利纳入民主社会的公民权，把这种权利看作民主逻辑的必然产物。

对于这个逻辑，流行的理论颇为浪漫地解释说，民主实践培养了对于社会整体福祉的共同责任感。一些分析者补充说，所有社会成员，包括目前经济状况较好的人，都需要一个可靠的避风港，确保他们的生活不低于有尊严的生活所需的标准。某种形式的社会保障，对当前能够自力更生的人来说也不可或缺。换句话说，近一个世纪以来，民主政治的明显逻辑使观察者认为，尽管有些人需要更多的社会服务，而且比其他人更迫切地需要这些服务，但这些服务的存在和普遍可获得性，符合所有人"显而易见"的利益。

心满意足的大多数

近二十年来的政治历程似乎否定了上面的推论。在一个又一个国家，大多数选民都支持那些明确要求削减福利的政党，或那些承诺降低个人税赋（最终也会导致福利的削减）的政党。"增税"已经成为政客最禁忌、选民最憎恶的词语。

政治谱系上的各个党派在面对这个问题时表现出惊人的一致，一些分析家断言这形成了一种新的"团结"，一种"跨越左和右"的新政治共识。然而这个论断掩盖的事实是，不久前对福利国家的支持也几乎是一个"跨越左和右"的共识，是一种真正的跨阶层的团结。

对福利国家的态度长期具有大众共识，但是在近半个世纪，这个共识从普遍支持走向普遍反对。这种大众共识的根本性变化非常值得探讨。

在关于"心满意足的大多数"[①]的讨论中，约翰·肯尼思·加尔布雷斯（John Kenneth Galbraith）最清晰地解释了公众情绪这种惊人的转变及其政治影响——即使是对最敏锐的学者来说，这在仅仅 20 年前仍然是不可预测的。加尔布雷斯问道：民主政体中的大多数选民基于自己的意志支持社会不平等的加剧，这怎么可能呢？自从投票权实现真正的民主以来，自从投票权从有产阶级扩展到所有成年人并成为一种普遍权利以来，这种情况从未发生过。

出现这种情况一定是有充分理由的。毕竟穷困潦倒、难以自食其力的人始终是少数，在政治上也微不足道。他们也几乎不会去投票，忽视他们的利益和意愿相对容易，丝毫不会影响政治家的前途。因此，赞成对

①　加尔布雷思在 1992 年出版的著作《满足的文化》（*The Culture of Contentment*）中指出，大多数真正愿意投票的美国人往往"在经济和社会上都很幸运"。加尔布雷思将这群参与政治的美国人称为"心满意足的大多数选民"。他指出，虽然他们不构成有权投票的大多数，但这些人始终如一地参与投票，因此"在民主的华丽外衣下进行统治，不幸的人未参与其中"。——译者注

财富进行某种程度的再分配、抑制不平等现象的人，尤其是赞成集体保障个体福祉的人，肯定大多来自其他群体。"中层选民"肯定是重要组成部分，他们距离极端贫困还有一段安全距离。支持由国家提供保障服务的人，一定是无需立即享受这种服务的人，甚至是那些真诚地希望永远不要享受这种服务的人。表面来看，他们的行为是利他的：准备作出个人牺牲，在可预见的未来不求得到回报，而且最好永远都不需要得到回报。他们为什么会这样做呢？

真正的原因或许在于他们缺乏自信。运气使然，到目前为止他们仍能自力更生，但他们怎么知道自己的运气能永远持续下去？他们所处的世界声名狼藉，因为繁荣是那么不平均、那么零散、那么不可靠。在这个世界上，最令人惊叹的财富会消失得无影无踪，无数更渺小、更脆弱的生命被拽入深渊。一个人需要如何足智多谋才得以安全度日？安全难道不需要比最勤勉的努力所召唤的东西更有力、更可靠的基础？这是每个人需要面对的问题。这是一个反问，有且只有一个答案。

情况一定发生了变化，因为现在这个问题已经很少被提及，即使问了也会得到完全不同的答案。大多数中层选民似乎非常确信，由自己管理自己的事务会更好。他们仍然需要保险以对抗厄运和其他意外，因为他们对这些风险的控制能力并不比他们的父辈更强。但是，他们认为，相对于质量低劣的国家保险而言，能够负担的私人保险会提供更多、更好的福利。这种新的态度与其说是自信，不如说是一种清醒的反思：相比依靠自己不可避免带来的风险，其他可选方案似乎更糟糕。

这种新的观念（或者说对于宿命的新屈从），改变了个体为福利体系的付出和福利体系为其带来的收益之间的平衡，或者说，它至少改变了在岁月静好的时光里，在无需求助于国家援助时，人们对于这两者的权衡。因税收降低结余的现金比公共保障抽象的可能性更具诱惑，何况公共保障的标准和吸引力在日渐下降。公共福利保障，用简单易懂的话来说，并不"物有所值"。

还有其他两个因素影响了中间选民对于财务成本和福利保障的权衡（当然，其他选项失去了吸引力，间接地加强了他们自力更生的意愿）。

第一个因素是经济审查带来的长期影响。影响之一是福利服务的质量持续不断的恶化。可以想象，这些服务一旦只提供给最需要它们的人,就失去了那些(至少目前为止)"不需要"这些服务的人的政治力量,于是政客自然而然地降低税收,讨好那些大多数更幸运的正常人。众所周知,那些真正需要帮助的人缺乏政治力量。

最近,法国新当局把加入欧元体系所需的预算标准作为其施政要务,将收入上限引入之前面向所有家庭的经济补贴,走上了曾经长期避免的经济审查之路。基于这种情况,塞尔·哈利米(Serge Halimi)对比了采用同样路线的国家,他发现:

> 开始时是不允许中产阶级平等地享用某些社会福利。然后,这些福利政策越来越多地与弱势群体联系在一起——因为只有他们从中受益。依照美国人所说的法则"给穷人的方案都是糟糕的方案",用于社会保障的金额不断地减少。"欺诈、欺骗和虐待"迟早会被发现:一个单亲母亲,通常是非裔母亲,用食品券买伏特加酒(这是里根主义者惯常的言论);一个不负责任的穷人,在福利政策的鼓励下生下孩子,等等。于是,到了最后一个阶段,福利保障体系不再受到欢迎,中

产阶级对继续提供福利保障不再感兴趣，转而同意废除它。①

把福利国家的服务对象限定于选民中被政治边缘化的那部分人，是降低福利质量无懈可击的秘诀。如此一来，在非贫困人群的眼中，那些私人保险公司提供的最不靠谱的条款，相比国家提供的福利仍像十足的奢侈品。有趣的是，国家保障体系的恶化也降低了私人保险服务的质量，降低了人民普遍的期望水平。福利质量糟糕（且越来越糟糕）是反对福利开支的最好论据：福利体系的价值越来越低，以至于大多数选民都认为这种开支纯粹是浪费。

长期实施经济审查的另一个影响是对福利领取者的污名化。简单来说，它传达了一种信息：需要援助是一种失败的标志，意味着达不到大多数正常人能达到的生活标准。因此，申请福利等于承认失败。大多数人似乎从来不会使用公共财富，他们通过税收减免、职业便利和津贴、公开的或灰色的商业补贴等形式获得的收益，被公认为是他们应得的，不存在任何亏欠。鉴

---

① S. Halimi(1997) Allocation, *e "quite"*, *e "galite"*, *Le Monde Diplomatique*, August, p.18.

于这个事实，申请福利是一个可耻的决定，会自我边缘化，把自己排斥在主流之外。申请福利变成了最差的选择，所有其他的可能性，无论质量如何，都显得更加合理，令人向往。

第二个原因是消费者社会的到来和消费主义文化的深入人心。消费主义最重视的是"选择"。选择，就纯粹的形式而言是一种价值，也许是消费主义文化中唯一不容置疑的价值。它是消费者社会的元价值，被用于评价和排序所有其他价值。这不足为奇，因为消费者的"挑剔"是作为市场命脉的竞争力的映射。为了生存，进而发展，消费市场首先必须按照自己的形象塑造消费者：选择是由竞争提供的，鉴赏力使得这种供给具有吸引力。

具备鉴赏力的消费者的神话，与提供自由选择、守护自主偏好的市场的神话，相互滋养，相辅相成。没有前者，后者也就难以想象。消费者的典范更珍惜选择权，而非选择对象。他们乐于在市场中流连，在这里才能体现他们的鉴赏力。琳琅满目的商品、丰富选择的可能性，可以把一个缺乏经验的新手升格为鉴赏家。在消费者社会这个根据选择能力分层的社会，成为一个为人称道的有修养的鉴赏家，是一种无上的荣耀。

确信自己是一个熟练的、有修为的选择实践者,也令人
倍感满足。①

　　相应的,处于没有选择的境地(没有东西可供选
择,或在选择时没有发言权),就会被消费者社会摒弃。
剥夺选择权本身是一种羞辱,无论是否最终事关福祉。
这也是令人深陷不满、无奈和烦恼之中的原因。商品
在被选择的过程中获得光彩和魅力。如果选择消失,
它们的吸引力也就无影无踪。一个"被自由选择"的物
品能使其主人变得与众不同,而"被分配"的物品显然
不具备这种能力。因此,成熟的消费者会把选择(以及
选择带来的所有风险和未知的可怕陷阱)置于相对安

---

① 诚如研究消费主义的学者反复强调的,这是一种幻觉,但这种幻觉
　为消费市场保驾护航,没有这种幻觉,消费市场无法运作。事实上,
　选择的可见性(即使是标准的麦当劳牛肉汉堡,你仍能够吃到几个
　变体),促进了人们对于选择的热爱。它们的存在吸引潜在消费者
　徘徊于选择范围已被严格界定和限制的市场。无论消费者如何选
　择,他们都无法超越市场提供的选项。市场提供哪些选项也不由消
　费者决定。它们是由消费者无法触及的管理者决定的——全球性
　公司逐渐垄断了对于消费市场的统治。正如约翰·维达尔(John
　Vidal)在 1997 年 6 月 20 日发表于《卫报》(*Guardian*)的文章《汉堡
　帝国》(*Empire of burgers*)揭示的:"在汽车、航天航空、电子、钢铁、
　军火和媒体等 8 个行业中,前五大公司控制了全球市场的 50%。"
　他的结论是:"这种力量不再单纯是一种经济力量,也是一种文化力
　量。它开始支配生活的基本要素。十家大公司现在几乎控制了世
　界食品链的每一个环节,四家公司控制了世界上 90%的玉米、小
　麦、烟草、茶叶、菠萝、黄麻和林产品的出口。"

全的配给、分派之上。理想的消费者可以容忍消费品大量的相对劣性，只因为它们是"自由选择"的，而非被分配的。

因此，福利国家体系和消费主义社会的氛围格格不入，这与它能提供的服务品质无关。产品的营销必须宣扬（至少口头上）对差异化和选择的崇拜，福利国家则必须追求公民生存环境、需求和人权的平等，它们是彼此对立的。福利国家胜算不大，消费心理造成的压力占据了绝对优势，即使国家能够提供更好的服务，仍然会背负"丧失自由选择的权利"这个消费者社会获得豁免的基本缺陷——在业已皈依的、虔诚的、"获得新生的"消费者眼里，这个缺陷使得福利国家无可救药地声名扫地。

招致毁灭的成功

说了这么多，仍然存在一些问题：为什么这么多现代社会的居民会变成成熟的消费者？为什么大多数人现在更喜欢作为消费者进行选择，而不是规避风险，依赖满足所有基本需求的保障型供应？为什么现在大多数人都满足于只依靠自身资源，只依靠自己的聪明才智？也许，下面的例子能让我们深入了解其中的原因。

"平权运动"指在就业、晋升和升学方面优先照顾非裔和拉丁裔的运动。这些人来自公认的贫困社会阶层，因此在与社会地位更好、更"有文化"的白人的公开竞争中几乎没有机会。过去十年，里根-布什时代，在最高联邦法院保守派成员的帮助和怂恿下，抗议平权运动的浪潮席卷美国。抗议是意料之中的，因为很多白人家长对所谓的劣等生取代他们成绩更好的子女升入大学而感到费解和愤怒。令人惊讶的是，抗议者中的相当一部分是非裔美国人，而且数量越来越多。事实上，第一位以"废除纲领"在州议会赢得一席之地，要求结束"平权法案"的民主党人，是加州非裔富商沃德·康纳利（Ward Connerly）。康纳利遭受到许多非裔和拉丁裔激进分子的谴责和诋毁，但他在日益扩大的非裔美国中产阶层队伍中收获了大量或明或暗的支持。令这些非裔中产阶层特别敏感的是自主尊严问题。"平权法案"的存在，使很多"业已成功"的非裔遭受轻视和贬低。如果没有人能找到理由质疑他们的成就名不副实，认为那只是一种恩赐，而非自觉努力、个人天赋、勤奋工作和正确抉择的产物，他们当然会更加欣慰。

康纳利的支持者实际上是在说，"我们不需要拐杖"，"我们可以自己行动自如"。但这种自信从何而来？康纳利脱口而出的回答是："每个人都能做到，因为现在的竞争环境更趋于公平。"①然而，竞争环境是由于"平权法案"而趋于公平，这是该法案不可否认的成功和历史性的成就。现在，三分之一的非裔家庭年收入能够达到或超过美国平均水平（目前为 35 000 美元）；仅仅 25 年前，这个比例还不到四分之一。现在，超过五分之一的非裔家庭年收入超过 5 万美元，这在美国是富裕的标准。成千上万的非裔成为了律师、医生、公司经理——他们的声音得到了倾听，他们也有能力让自己的声音被倾听。如果没有"平权法案"，这一切会发生吗？根据纽约大学法学院最近完成的研究，在 3 435 名非裔法律系学生（他们因此有机会进入美国最赚钱的行业之一）中，只有 687 人能只凭考试成绩进入该校。

可以说，在不到四分之一个世纪的时间里，"平权法案"实现了一个类似于福利国家奠基人为福利国家

---

① 这句话以及后面的引语，来自 Martin Walker 的文章"God Bless (white) America"，*Guardian*，17 May 1997。

设定目标：它"自己完结自己的工作"①。然而，如果这种情况已经发生，那么它没有按照设计师设想的方式发生。受益于"平权法案"的照顾，一个新的、自信的非裔中产阶级已经诞生。但是，这些受益者们不愿承认，他们之所以能有今天的地位，并不是因为他们像其他美国人一样发挥了自己的智慧和勤奋，而是因为得到了帮助。这是他们争取尊严无法回避的问题。他们大声又明确地宣布，如果他们"做到了"，那么其他人也能做到，如果有人做不到，一定是因为他/她不够努力。毕竟，这意味着，他们取得的所有成功都完全源于自己的努力。

为了让这个论调更加可信，他们必须用怀疑和蔑视的目光审视那些穷困的、不机灵的同伴；最重要的是，必须强烈要求拆除"特权"，因为它每时每刻都在提示着自己"被贬损的"（因为得到了帮助）历程。那些已经登上顶峰的人不再需要国家提供的梯子，他们急于脱离关系将其销毁。最先获益的人最先宣布它一无是处，抱怨它给受益者带来的不公正的、有辱人格的心理

---

① "自己完结自己的工作"（worked itself out of a job）是一个双关语，可以理解为"完成自己的使命，从而退出舞台"，也可以理解为"自己把自己的工作搞丢了"。——译者注

阴影。

对福利国家或"平权法案"的发明者而言，这偏离了他们期待的"自己完结自己的工作"。他们心中所念的是消除贫困，集体关怀和扶助弱者是必由之路——补偿获得机会的不平等，从而使机会更平等。事情的发展却大相径庭：获得社会帮助并脱离劣势地位的人，不仅失去了回馈的动力，而且变成了最强烈的诋毁者。从某种意义上说，"平权法案"培养的是自己的掘墓人。毕竟，这些从贫民窟直升中上层阶级的非裔成功人士，比他们的白人同伴有更多的理由、更多的底气谴责"保姆国家"，他们也有更多的机会发声，更真诚、更可信地发声：他们已经成功，他们做到了，他们证明了自己可以做到，于是所有人都可以做到。但是，没有了与肤色相关的"侮辱性"帮助，其他人真的能做到吗？在得克萨斯大学法学院，去年的非裔新生约占 5.9%。今年，随着平权政策被宣布取消，这个比例将降为 0.7%。沃德·康纳利的愤懑能有下一代承接吗？

"平权行动"和福利国家的案例当然不尽相同。福利国家最初的理念是反对任何区别对待，在其后期提倡区别时也丝毫不"积极"。但是，它们"自己完结自己工作"过程中的社会心理机制却相当相似。加尔布雷斯的"心满意足的大多数"在很大程度上正是福利国家的产物,是其获得成功的沉淀物。

福利国家的创始人希望一劳永逸地消灭贫穷、屈辱和绝望。福利国家远远没有实现这个梦想,但它确实培养了一大批受过良好教育、健康、自信、自立、自主的人。这些人为了维护自己刚刚获得的独立,需要把"已获得成功的人有责任帮助尚未成功的人"这种社会共识连根砍断。他们受益于福利国家,如果社会不为他们提供物质支持和心理宽慰,这些"自我造就"的人不会获得成功。然而,这一代人最热衷的却是削弱集体保险和社会福利工资的影响。这种观点背后的真相是否会比倾向于接受这种观点的那代人活得更久,尚不得而知。

正如马丁·伍拉科特最近所说,我们有充分的理由相信,目前这些态度大反转的人们提出的,用于解决福利国家或真实或预设矛盾的方法,归根结底:

> 仅仅是利用了一个历史上的瞬间——此时福利国家创造的社会资本还没有完全消散,福利国家衰败导致的新的社会成本尚且不高。福利国家和非福利国家的社会成本都很高,但介于两

者之间的转型阶段的社会成本却可以被无知或虚伪地描绘为很小。或许很小，但这只是暂时的。①

---

① M. Woollacott(1997) Behind the myth of the self-made man, Guardian, 17 May.

第四章
工作伦理和新穷人

19 世纪初,工作伦理的传道者非常清楚他们在宣扬什么。当时,劳动是财富的唯一来源,生产更多的东西基本等同于让更多的人参与生产过程。渴望生产更多产品的企业家队伍不断壮大,不愿意按照企业家提出的条件工作、生产的穷人也越来越多。可想而知,工作伦理可以调和两者的矛盾。工作不仅能够使国家富强,也能帮助个人脱贫致富,这种理念听上去很真诚。

20 世纪末,工作伦理再次成为公众的焦点,它在诊治时弊的过程中作用明显。在美国的"以工代赈"计划中,工作伦理尤为引人注目。"以工代赈"计划自启动以后(尽管其结果存在争议)获得了越来越多的富裕国家(包括英国)的政治家的推崇。正如乔尔·汉德勒和 Y.哈森菲尔德（Y. Hasenfeld）在谈到 WIN（美国以工代赈项目的简称）时指出的：

> ……贯穿其错综复杂的历史，"WIN"的实际作用与人们对它的支持并不匹配。所有现存的证据都表明，该方案的结果令人沮丧……这个政策一直以各种形式存在，尽管大量历史证据表明，总体来说它们并没有显著减少贫困者的数量，也没有改善穷人的经济自给自足能力。因此，这个政策能够继续存在不可能是因为它们对穷人和福利体系的正面影响，而是因为它们对非穷人效用显著。①

今天，无论接受救济的穷人是否真的不愿意参加生产，都丝毫不会影响生产力的增长。现在的企业不需要用更多的工人增加利润。即使他们需要工人，在世界的其他地方也能很容易地找到，而且价格便宜得

---

① J. F. Handler and Y. Hasenfeld（1991）*The Moral Construction of Poverty*. London：Sage, pp.139, 196-197. 根据作者的说法，1971 年在 WIN 框架下有 270 万参与者，但实际登记的只有 118 000 人，其中只有 20% 的人工作了三个月以上。工资的中位数是 2 美元/小时（p.141）。

多,虽然这加剧了本地穷人的贫困。毕竟,根据联合国最新的《人类发展报告》,目前世界上有 13 亿人口每天的生活费低于 1 美元。按照这样的标准,生活在富裕国家(工作伦理的发源地)的 1 亿贫困人口,还有很长的路可以走。

如今,对大公司而言,进步首先意味着"裁员",科技进步意味着用软件取代人。谴责接受救济的人不愿意工作,推断他们只要摆脱麻木和依赖的惯性,就能轻而易举地自力更生,现在听起来像是自欺欺人。这从证券交易市场对就业波动的反应可以看出来,证券交易市场无意中成为企业利益最真诚的代言人。某国整体失业率快速上升时,你看不到证券市场有任何焦虑的迹象,更谈不上恐慌,它们反倒可能表现火爆。1996年 6 月至 7 月,美国新的就业机会减少,失业人口比例上升,这条消息被报道为"就业数据令华尔街振奋"①,道琼斯指数当天应声上涨 70 点。在管理层宣布裁减4 万个工作岗位的当天,行业巨人 AT&T 的股票急剧拉升②——这种现象几乎每天都在全球所有的证券市

---

① *International Herald Tribune*, 3-4 August 1996.
② C. Julien(1996) Vers le choc social, *Le Monde Diplomatique*, September.

场重复上演。

定居者与游牧者

罗伯特·赖希（Robert Reich）提出①，目前在劳动力市场上存在四类职业。第一类是"引导者"——发明家、广告商、推广者和商人。第二类是各领域、各层次的教育工作者。他们积极从事于可雇佣劳动力的再生产，把劳动力塑造成可供购买和消费的商品。第三类是从事"消费市场服务"的人。他们的工作是激活他人的消费能力，大部分是产品的销售者和培养消费者购买欲望的人。第四类是"常规劳动者"（routine labourers）。他们被配置于传统的流水线，或"新改进"的自动化电子设备终端，比如超市收银台。

显然，最后一类人在出售劳动力时面临的困难最小，他们的潜在买家并不会特别挑剔。"常规劳动者"从事的工作既不需要难以掌握的稀有技能，也不需要面对面与顾客沟通所需的特殊机敏，因此他们可以比较容易地在所有有偿的低技能工作中切换。但出于同

---

① Robert Reich(1991) *The Work of Nations*. New York：Vintage Books.

样的原因,他们也很容易被弃用,工作不稳定。他们随时可能被替换,这不会给雇主带来什么损失。他们可能在生意不景气时被就地解雇,因为业务回暖时有很多这样的人随时可以上岗。因此,他们没有找麻烦的气力,没有讨价还价的资本,即使有能力也愿意争取更好的就业条件,他们仍没有胜算的机会。

这类人很少有抗争的意愿,特别是团结起来一致行动的意愿。所有的情况似乎都对他们不利。他们的工作是脆弱的,肯定不会持续很久,随时可能消失不见;今天的伙伴明天可能就各奔东西,去向遥远的地方……投身于工人的团结和集体抗争,需要付出长期的、充满风险的努力,注定收益不大,成本却高得难以计量。如果这样的状况持续很久,看不到任何改观,那些受雇者的世界观和心态也会相应变化。"今朝有酒今朝醉,明日愁来明日愁"和"各人自扫门前雪,莫管他人瓦上霜"在潜移默化之间不可避免地成为审慎而有效的生存哲学。

如此说来,"常规劳动者"一词似乎不那么精确。第四类职业涵盖的那些工作可能和福特工厂老式的常规工作一样:单调、缺乏创造性、枯燥无味、没什么技能要求。不一样的是,它们被公认是脆弱的、多变的、临时的、短期的、偶发的，通常稍纵即逝。他们的工作内容是常规的，但雇佣关系不是。"常规"暗示着单调地重复同样的事情，所以它忠实地表达了他们在雇佣期间日复一日的、由他人支配的行动。正是这种常规工作使得他们的雇佣关系完全不"常规"。

即使是最常规、最乏味、最没有尊严的工作，只要（也正是因为）有望长期（在实践中，是需要无限期）持续，就有利于稳定、扎实、持久的人际关系的成长。这种"我们同舟共济"的感觉，即无论发生什么都一直待在一起——有福同享，有难同当——推动和促进了人们寻求最舒适、压力最小的共存模式。然而，如果你每天都可能身处不同的公司，又何必如此呢？在这种情况下，所有持久的关系、坚定的承诺和牢不可破的友谊都令人生疑地像是痛苦和失望的配方。如果你喜欢为之工作的公司，并期望未来一直和它携手前行，那么最多在下一轮的"外包"或"裁员"时，你就会受到伤害。总而言之，这种被称为"劳动力市场灵活性"的重要转变，给长期协作的可能性蒙上了一层阴影，更不用说对"共同事业"全心全意、无条件的承诺和忠诚。

理查德·森尼特（Richard Sennett）曾在二十年后重访一家纽约的面包店。他发现"在各种裁员、缩减规模的挤压游戏中，工人的士气和积极性急剧下降，幸存者等待着下一波冲击，而不是因为在竞争中战胜了被解雇的同僚而欣喜若狂"①。不管是失败还是（暂时）幸免，他们都充满怨恨，并以同样的方式屈服于恐惧，而且有充分的理由：

> 无论什么工作，从雕塑到餐饮服务，人们都认同那些有挑战、有难度的任务。然而，操着各种语言的工人毫无征兆地来了又走，每天都有全然不同的订单进进出出，在这个充满灵活性的工作场所，机器才是唯一真正的秩序标准，所以必须让机器对于任何人——无论是谁——都是容易操作的。在一个灵活性的体制中，有难度的任务只会带来麻烦。这就带来一个可怕的悖论，当我们减少困难和阻力的时候，我们也在培育工作者不去挑选和漠不关心的行为。②

---

① Richard Sennett（1998） *The Corrosion of Character*： *The Personal Consequences of Work in the New Capitalism*. New York： W.W. Norton & Co., p.50.

② Richard Sennett（1998） *The Corrosion of Character*： *The Personal Consequences of Work in the New Capitalism*. New York： W.W. Norton & Co., p.82.

这些"常规劳动者"是临时的、可替换的、用完即弃的。在雇佣期间，他们的身体虽然在工作，却心不在焉。工作仍然是生存的源泉，但不是生命意义的源泉，当然也不是培育人与人之间纽带的温室，它不足以支撑和维持道德信念和道德实践。这个由工厂、办公室、工作间和商店构成的世界崇尚"灵活性"，"工作伦理"的戒律显得空洞乏味。倘若托斯丹·凡勃伦（Thorstein Veblen）的"工艺本能"想在这样的世界中幸存，它需要去其他场所寻求履行。消费市场做好了准备，并愿意提供这种场所。曾经由专业能力带来的自豪感，现在可以从（以合适的价格）购买精美商品中获得——在迷宫般的大型购物中心发现最好的"店铺"，发现推车上最好的衣服或货架上最好的商品。

被赖希称为"常规劳动者"的人（再重申一次：临时的、不稳定的、用完即弃的、容易被替代的、与从事的工作关系脆弱的人）没有资格要求雇用工厂与自己建立更稳固、更亲密的雇佣关系，更不用说赢得这种关系。劳资双方的关系不再对称，依赖性也不再对等。在"福特式工厂"时代，在庞大、笨重的工业厂房中工作的，是大量的本地劳工，老板的财富和利润取决于雇员的认同和士气，雇员的生计也取决于老板的仁慈。但是，这样的时代已经结束。依赖关系不再是相互的,而是单向的。求职者仍像以前一样"受缚于土地",不能自由迁徙,只能依赖本地的工作谋生,资本现在则可以无拘无束地移动,不用在意距离和国界。对于来自肖尔迪奇(Shoreditch)或韦克菲尔德(Wakefield)①的电话咨询,应答可能出自孟买或加尔各答……

资本家雇用工人不再受限于本地劳动力市场,因此,他们选择基地的首要标准是利润最大化,以及充足的低要求、温顺、不会招惹麻烦的劳动力。合格并迫切愿意成为"常规劳动者"的人随处可见,他们愿意接受任何工作,愿意接受最卑微的薪水。资本完全没必要承受本地劳动力日益膨胀的自信(以及日益增长的要求)所带来的不便(和高昂的成本)。长期雇用导致这些定居劳动力越来越勇敢,并且有足够(过多)的时间变得更团结、更强大、更坚固。然而,当游牧资本想要转移到其他地方时,定居的劳动力根本就没有机会阻碍它转移,更不用说将其永久绑定,因此他们没有机会争取自己的权利,实现自己的抱负。

那些收益颇丰的"非常规"工作者,又是如何?

---

① 肖尔迪奇和韦克菲尔德是英国的两座城市。——译者注

对于处在就业谱系的另一端、环绕权力金字塔顶端的人而言,空间不是一个问题,距离不是一个麻烦。他们四海为家,没有特定的居所,他们轻盈、灵动、多变,正如日益增长的全球化跨境贸易和金融。也正是这种贸易和金融造就了他们,支持他们四处游牧。正如雅克·阿塔利(Jacques Attali)的描述,"他们不拥有工厂和土地,也不担任行政职务。他们的财富来自一种便携式资产:他们对迷宫法则的熟稔"①。他们"喜欢创造、竞争和迁移",他们生活在一个"没有固定价值观、对未来无忧无虑、自我主义和享乐主义"的社会。他们"享受新鲜事物,崇尚冒险精神,唯变化为永恒,以交融为富足"。他们都在不同程度上掌握并实践着"液态生活"(liquid life)的艺术:接受方向的迷失,免疫于晕头转向,容忍旅行计划和方向的缺失,以及无限期的旅行。以"赤脚医生"为笔名的《观察家报》专栏作家大概就是这样的人,他建议人们做任何事情都要从容。②从东方预言家老子的超脱和宁静获得启迪,他描述了

---

① Jaques Attali(1996)*Chemins de sagesse:Traiie' du labyrinthe.* Paris. Fayard, pp.79-80, 109.

② 参见 Barefoot Doctor(2003)Grace under pressure, *Observer Magazine*, 30 November, p.95。

最可能达到这种效果的生活立场：

> 如水般流淌……你灵动前行，顺势而为，从不停顿太久，成为一潭死水，也不依附河岸或礁石——生命中过往的财物、情境或人，甚至不固守自己的见解和世界观，而是聪明地轻轻抓住任何出现在路边之物，随即放手，让它随风而逝……

　　面对这样的对手，"常规劳动者"的战斗还没开始就已经输了。未必是因为对手强大的力量和技巧，而是因为他们"我毫不后悔"（je ne regrette rien）①的生活态度。他们难以捉摸，坚定地拒绝付出，避免承诺。他们精通胡迪尼式的逃脱术，总是打破最复杂的枷锁，从最牢固的牢笼里逃脱。

　　可以肯定的是，为了限制或至少减缓这些新生全球精英自由流动而设置的障碍，并非精工细作，也并非牢不可破。各国政府用来罩住资本家的笼子也远非层层上

---

① 法语歌曲《不，我毫不后悔》（Non, je ne regrette rien）因伊迪丝·琵雅芙（Edith Piaf）于1960年录制演唱而广为人知。琵雅芙的传记电影《玫瑰人生》（La Môme）以此作为片尾曲。这首歌也因电影《盗梦空间》的选用而再次流行。歌词表达了对过去经历"毫不后悔"的态度，以及对迎接新生活的期许。

锁。根据世界劳工组织1995年在日内瓦发表的报告：

> 全球化削弱了国家的经济自主权：资本的流动削弱了国家对利率和汇率的影响，跨国公司的灵活性侵蚀了按地域分配投资的控制能力，技术和专业劳动力的全球流动使收入和财富的累进税征收更加困难，进而维持公共服务也更加困难。

无论从哪个方面看，脆弱性和不稳定性像幽灵一样萦绕在各种工作周围。不同工作的区别仅在于是否能有效防范雇员的反抗：以消极怠工、逃避责任来对抗雇佣关系的脆弱性。没有哪种工作能免除失业，也没有人可以免除近来出现的"长期失业"——这个词现在已经被更准确地描述为"过剩"。如果说"失业"，甚至是长期失业，意味着工作生活的一个阶段，那么"过剩"则更贴近如今失业的本质。它暗示了一场不可逆转的灾难最终到来。它是通向废品站的一张单程票……

从"失业"到"过剩"

"失业"（unemployment）一词，之前通常用于指向没有工作收入的人,它表达出就业才是"正常态"这个假设。前缀"un"表示这是一种非正常现象——一种奇怪的、不正常的、暂时的现象。如同其他非正常现象一样,人们呼吁对它采取矫正措施。一旦这种呼吁被有效传达、纠正措施得到实施,问题就会迎刃而解。即使在经济放缓或萧条的时候,"充分就业"的愿景仍岿然不动:一旦走出目前的低迷——一定会走出的——工作机会就会纷至沓来,所有人都能充分就业。

　　然而,不知何故,我们似乎从来没能在连续的萧条之后恢复就业水平。无论国民生产总值(GNP)和国内生产总值(GDP)的统计数字多么振奋人心,工作岗位仍在持续流失,徒劳寻找工作或因绝望放弃寻找工作的人持续增加。起初还不起眼,但渐渐地,经济"发展之路"的理念残酷地转向用更少的劳动力完成同样甚至更多的工作。随着经济周期的每一次轮回,"失业"这个概念的内涵发生了变化,"失业"之下的希望也越来越不切实际。这种体验无情地累加,推动了真正的"范式转变"产生——"过剩"这个新词,替代了"失业"。

　　与"失业"不同的是,这个词没有任何哪怕是隐晦、含蓄的承诺。没有暗示这是"非正常"状态,没有暗示偏离轨道，没有暗示目前的痛苦是短暂的。失业不再是一种暂时的烦恼，到了某个时候就会自然消失。"失业者"虽然暂时没有工作，但一旦环境好转，他们就有望回到生产者的行列，一切也将回到正轨。"过剩"的人则不同，他们是多余的、编外的，不被需要。他们要么出生在一个"饱和"的社会里（即社会的续存无需更多的人从事生产），要么由于经济和技术进步（即有了新的生产力，较少的人员参与就能满足日益增长的商品和服务需求），变得不再必要。所谓"过剩"的人被标记在经济平衡表的借方，而非贷方，因为无论是现在还是可预见的未来，他们都不能增加社会的财富——他们增加的只是社会的负担（公共支出）。他们是"资源黑洞"，是尚无清晰解决方案的"问题"；从事"经济活动"的那部分人带来的经济增长和社会繁荣，似乎也创造不出"过剩"的人的工作需求，无法使他们重新就业。就所有现实意义而言，如果他们不存在，经济会更好。简而言之，他们应该继续被排除在经济活动之外。

"重返工作岗位"这个概念变得虚无缥缈，天真幼稚，又自欺欺人，这也证实，人们对"繁荣"的理解以及经济"向好"/"向坏"的理解，正在发生深刻的转变。

《国际先驱论坛报》在 1997 年 11 月 17 日发表了一篇关于欧洲大公司现状深度分析的文章。这篇权威性文章的主标题是"欧洲公司从痛苦中获益",副标题是"削减成本虽不带来就业,但带来了利润"。在这篇文章中,汤姆·比尔克勒(Tom Buerkle)为欧洲经济的"积极进展"欢欣鼓舞:

> 欧洲公司正从近年来痛苦的重组中获得回报。效仿美国公司在 20 世纪 80 年代采用的方法,许多欧洲公司纷纷裁员,关闭或出售他们认为非必要的业务,精简管理,以提高利润率。

利润确实增长迅速,股东们为此欢欣鼓舞,学识渊博的分析家们则热情称颂,经济成功的"副作用"变得不再重要。比尔克勒承认,"近期这种企业的健康不太可能立刻降低失业率"。事实上,过去的 6 年里,就制造业劳动力而言,英国缩减了 17.9%,德国缩减了 17.6%,法国则缩减了 13.4%。在大约十年前就开始"突飞猛进"的美国,制造业劳动力"仅仅"萎缩了 6.1%。不过,这只是因为他们之前已经完成了"削肉剔骨"。

关于"当代欧洲人最关注、担心和恐惧的事情"的调查表明，失业（已经失业的或受到威胁的）是无可争议的重中之重。其中一份来自 MORI 的调查表明，85％的芬兰人、78％的法国人和瑞典人、73％的德国人和 72％的西班牙人认为，失业是他们国家最严重的问题。让我们回顾一下，加入欧洲货币联盟的标准是"经济健康"，而失业率下降并不在这些标准之列。事实上，人们普遍认为，正是为达到"经济健康"标准所做的努力，严重阻碍了能够真正提升就业水平的有效措施——创造就业机会。

把工作神化为人类的最高职责、高尚道德的体现、法律和秩序的保障，以及治愈贫困的良方，这种做法与劳动密集型产业产生过共鸣，因为劳动密集型产业需要更多的劳动力以增加产量。如今的精简型、小型化、资本和知识密集型产业，则把劳动力视为生产力提升的制约要素。这是对曾被奉为经典的斯密-李嘉图-马克思劳动价值论的直接挑战。劳动力过剩被视为灾难，所有寻求合理化（提升投入产出比）的努力首先都会集中于进一步削减雇员数量的可能性。"经济增长"和就业率的提升，实际上是相互矛盾的；技术进步是以劳动力的替代和淘汰为标准的。在这种背景下，工作伦理的劝诫显得愈发空洞，它不再符合"产业的需要",也很难被描绘为实现"国家财富"
的必经之路。工作伦理能够持续存在,或者说近来在
政治主张中有所复苏,只能解释为:在我们这样的后
工业时代,在这个消费者社会,人们期望它发挥一些
新的作用。

正如茹饶·费尔格和 S.M.米勒所言,近来重新鼓
吹工作伦理的目的,是为了"将值得帮助的穷人和不值
得帮助的穷人分开,把责难倾倒给后者,以合理化社会
对他们的冷漠",因此"说明贫穷是个人缺陷的必然后
果,进而促成对穷人和被剥夺者的漠不关心"[1]。换言
之,工作伦理虽然不再是减少贫困的手段,却能帮助调
和社会众生和永恒存在的穷人之间的关系,有助于整
个社会的安宁平和。

"底层阶级"的浮现

术语"工人阶级"(working class)属于这样一种社
会意象:这个社会中,富人和穷人有着不同的社会分
工,又互为补充。"工人阶级"让人联想到一个积极参

---

[1]　Z. Ferge and S. M. Miller(eds)(1987) *Dynamics of Deprivation*.
Aldershot: Gower, pp.309-310.

与社会生活的阶层，他们对社会作出有益的贡献，并获取相应的回报。

术语"下层阶级"（lower class）属于社会流动性意象：这个社会中的人是流动的，所处的每个阶层都是暂时的，原则上可以改变。"下层阶级"让人联想到一个被置于社会底部的阶层形象，他们可能向上攀登，从而摆脱当下的困境。

术语"底层阶级"（under class）则属于这样一个社会意象：这不是一个完全开放和包容的社会，其真正的范畴小于社会各组分的总和。"底层阶级"让人联想到那些被排除在阶级体系之外的人，他们没任何机会，也无法被重新接纳；他们没有容身之所，对社会没有任何有益的贡献，原则上不值得救赎。

赫伯特·J.甘斯（Herbert J. Gans）这样描绘底层阶级的群像[1]：

> 从行为界定来说，底层阶级指的是那些穷困的辍学者、无业游民和未婚生子靠社会福利生存的年轻女人。此外，底层阶级还包括无家可归者、

---

[1] H. J. Gans（1995）*The War against the Poor*：*The Underclass and Antipoverty Policy*. New York：Basic Books，p.2.

乞丐、酗酒和吸毒成瘾的穷人①，以及街头罪犯。这个词很灵活，住在"廉租房"中的穷人、非法移民和青少年帮派成员也经常被归入底层阶级。事实上，这种灵活性也使该词成为一个标签，可以用来污辱穷人，无论他们的实际行为如何。

这实在是个种类各异、丰富多彩的集合。怎样才能让这个集合显得更合理呢？单亲妈妈、酗酒者、非法移民、辍学者的共同之处是什么？

他们确实有一个共同点：在其他人看来，他们没有存在的必要，正是因为完全无用才会被归入底层社会——若他们消失，其他人会生活得更好。他们无疑是美丽风景线中的污渍，是丑陋又贪婪的杂草，他们对园林的和谐之美没有任何贡献，还偷走了其他植物的养分。如果他们消失，所有人都会获益。

既然他们是完全无用的，他们带来的危险就占据了人们对他们的认知。这些危险如它们的宿主一般种

---

① 正如甘斯指出的，"有钱的人可以在家里喝酒，甚至可以在工作时喝酒，而没钱的酒鬼只能出没在贫民窟。更甚者，富人们疑似不道德的行为通常最终变成合法行为，这是一条'黄金法则'：拥有黄金的人制定的法则"（出处同前，p.4.）。

类繁多,从公然的暴力行为、潜伏在黑暗街角的谋杀和抢劫,到他们的悲惨生活给人造成的良心上的烦扰和困窘,再到"公共资源的负担"①。一旦察觉到危险,恐惧立刻如影随形。"底层阶级"给人的印象通常是令人惧怕。

无用和危险,属于沃尔特·盖里(Walter B. Gallie)认为的"本质上有争议的概念"。所以,当它们被作为分类的标准时显示出了"灵活性",能够敏锐地囊括所有萦绕社会的邪恶魔鬼。在这个社会中,人们对任何有用性的持久产生怀疑,困扰于零散、游移的恐惧。这些概念帮助绘制的精神世界地图为接踵而至的"道德恐慌"②提供了一个无限广阔的游乐场,已有的分类可以不费吹灰之力地延展,纳入新的威胁,同时让散布的

---

① 1992年,美国联邦和地方用于各种福利的开支不到400亿美元,这只是后冷战时期国防年度预算的15%,甚至比年度的抵押税务减免少100亿美元,是企业扶持和富人税务减免总额的六分之一。不过,这不重要。"军火商对五角大楼的依赖或许就像贫穷女性对福利制度的依赖一样",这也不重要。(出处同前,pp.82-84)

② "道德恐慌"由斯坦力·柯恩(Stanley Cohen)提出。他在1972年出版的著作《俗世恶魔和道德恐慌》(Folk devils and moral panics)中,描述了20世纪60年代媒体对摩登派或摇滚派青年的负面报道,导致民众对于这个特定群体产生了过分的恐惧与抗拒心理。他指出,媒体倾向于用重复报道一种反社会行为,令公众对某个特定社群产生恐惧,并施以压制。——译者注

恐惧集中在一个目标上——这个目标因具象化而使人安心。

可以认为,这是底层阶级的无用性为社会提供的一种重要价值——这个社会中没有哪个行业或职业能够确信自己的长期有用性;这也是底层阶级的危险性为社会提供的一项重要服务——这个社会被太多焦虑困扰,人们根本无法分辨究竟在恐惧什么,如何减缓这种恐惧。

应该不是巧合,当底层阶级进入人们视线的时候冷战正好趋于停止,冷战制造恐怖的力量迅速消散。苏联解体之后,关于底层阶级的讨论全面展开,迅速成为公众关注的中心。危险不再来自外部威胁,也不在于"内部敌人"——那些外国势力在我们内部建立的根据地和桥头堡,那些敌人扶植的"第五纵队"。外国煽动、培育的政治威胁不复存在,危险无处扎根,必须委身于社会内部,在本地的土壤中生根壮大。有人倾向于认为,即使不存在底层阶级,它也会被创造出来。事实上,它确实恰到好处地出现了。

社会上并非不存在乞丐、吸毒者和未婚母亲——每当有人质疑底层社会的存在时,这些"可怜又可恶"的人总是被列举出来。然而,他们在社会中的存在丝毫不足以证明底层社会的存在。把他们归为一类是一种分类决策，而非依据事实的裁决。把他们混为一体，指责他们是无用的，会给社会的其他部分带来可怕的危险，这是一种价值判断而非真实叙述。最重要的是，虽然底层阶级的概念基于一个假设，即社会（能使社会存活的一切事物的集合）可能小于其组分的总和，但这个概念指代的底层阶级却大于其组分的总和：这种归类行为给其组分加上了它自身没有的新特征。实际上，"未婚母亲"和"底层女性"并不是同一种人，把前者归类为后者花费了大量的努力（虽然思考很少）。

用于底层阶级的工作伦理

"底层阶级"这个词最早是冈纳·缪尔达尔（Gunnar Myrdal）在 1963 年使用的，用来指出去工业化的危险。正如他的担心，去工业化似乎使越来越多的人口永久失业并无法再就业。这并不是因为失业的人自身的缺陷或道德上的瑕疵，纯粹是因为缺乏就业机会；也不是因为工作伦理无法有效激励，而是因为社会没能按照工作伦理的规则来保障生活。在缪尔达尔看来，底层社会的成员是被驱逐的受害者，他们在社会中新的定位并非因为自己选择了退出，而是经济逻辑的产物，受害者对之无法控制或施以影响。

1977 年 8 月 29 日，通过《时代》杂志的一篇封面报道，底层阶级的概念才闯入公众视野。其呈现的是一种完全不同的意义："一大群棘手的、与社会格格不入的、怀有敌意的人，危险性远超所有人的预期。他们是不可理喻的：美国底层阶级。"定义之后附有一长串名单，包括了少年犯、辍学者、吸毒者、单身母亲、抢劫犯、纵火犯、暴力罪犯、未婚母亲、皮条客、毒品贩子、乞丐。显然，这些名字使正派人士们恐惧，是他们良心深处的隐忧。

"棘手""格格不入""怀有敌意"，从而不可理喻。伸出援手也没有意义，完全无济于事。这些人无药可救，他们自己选择了病态的生活。

不可理喻意味着工作伦理也无法规劝。这些自闭者拒绝他人的善意，劝告、诱导、唤起良知都无法穿透他们的心墙。他们不仅拒绝工作，懒惰寄生，而且对工作伦理所代表的一切充满敌意。

1981 年到 1982 年间，肯·奥莱塔（Ken Auletta）对"底层阶级"进行了一系列探索性的考察，其研究结果在《纽约客》(New Yorker)上发表,后来这些文章被收录在一本广为人知、极具影响力的书中。他自己承认,这是为了解决绝大多数同胞的焦虑。

从统计数据来看,犯罪、领取救济和吸毒日益膨胀。这些反社会行为显著上升,在美国的大部分城市蔓延,我很好奇究竟谁才是幕后的推手……我很快了解到,在家境贫寒的学生中,确实存在着相当明显的非裔和白人底层社会,他们普遍感觉受到社会的排斥,拒绝接受公认的价值观。他们不仅收入微薄,行为上也存在缺陷。他们不仅受困于贫穷,在大多数美国人眼中,他们的行为也是畸形的。[①]

请留意描述底层阶级形象时所用的词汇、句法和修辞。奥莱塔的文字或许是研究底层阶级的最佳材料。不同于大多数不那么严谨的后继者,他并没有简单地"抨击底层阶级",相反,他致力于保留和彰显足够的客观性,对所述故事中的反面典型不仅谴责,也

---

① K. Auletta(1982)*The Underclass*. New York:Random House,p. xiii.

抱有怜悯。①

请注意，"犯罪""领取救济"和"吸毒"，它们被同时提及并置于同一水平。无需论证，也无需证据，不需要解释为什么它们共同被归类于"反社会行为"。很容易就能看出，贩毒和领取救济都一样反社会，同样是祸害；这种暗示（如果明确指出必然会引发一片哗然）通过纯粹的语法形式达到了目的。

也请注意，底层社会拒绝公认的价值观，只是因为他们觉得受到排斥。在和"大多数美国人"的双边关系中，底层阶级是主动行动的一方。他们的行为，也只有他们的行为，受到了批判性的审视，并被宣布为异常，而"大多数美国人"则理所当然地坐在审判席上审判底层阶级的行为。如果不是因为反社会行为，底层阶级不会被送上法庭，也就不需要开庭，因为没有案件需要

---

① 目前美国关于底层社会的讨论更类似爱德华·班菲尔德（Edward Banfield）不妥协的喋喋不休："底层阶级只为眼前利益生活……冲动支配着他们的行为，他们无法自律以延迟满足，对未来也完全没有规划。本质上来说他们缺乏远见，凡是不能立刻享用的东西，他们都认为没有价值。他们倾向于立即'行动'。"［E. Banfield（1968）*The Unheavenly City*：*The Nature and Future of our Urban Crisis*. Boston：Little Brown，p.34. Boston：Little Brown，pp.34-35.］请注意，班菲尔德针对"底层阶级"的抨击听上去像是对消费者社会中"理想消费者"的准确描述。和其他大多数讨论一样，在这里，"底层阶级"成为倾倒困扰消费者痛苦灵魂的恶魔的垃圾场。

权衡，没有罪行需要惩罚，没有过失需要弥补。

　　修辞性的暗示之后是付诸行动，并在实践中得到回溯性确认，用于补充之前或许不完整的论证。这种实践越充分、越广泛，先入为主的观点就越能自圆其说，修辞的暗示作用就越难被发现，更不用说去反对。奥莱塔的大部分经验材料都来自野猫技能培训中心（Wildcat Skills Training Centre），这个机构意图帮助社会公认的底层阶级成员回归社会。哪些人是目标群体呢？共有四类人：刚入狱的罪犯、正在接受治疗的瘾君子、靠救济生存的没有 6 岁以下子女的女性，以及 17 至 20 岁的辍学青年。制定规则的人一定先入为主地认为，这四种类型虽然看起来不同，但本质上具有相同的问题，或者说表现出相同的问题，所以需要同样的治疗方法。这种先入为主的理念在野猫中心得到了实践：相当长的时间里，他们被安排在一起，服从于同样的管理，每天接受同样的指导。野猫中心为他们提供了所有他们需要的、应当为之努力的社会定义。再一次，言成肉身。①

————————

①　奥莱塔的田野研究使他过于靠近被标准化处理的对象，而没有注意到这些概括性标签和笼统分类本身的经验性缺陷。这本著作呈现了一个助力底层社会统一化的冗长故事。但在著作结尾，（转下页）

　　奥莱塔不厌其烦地提醒他的读者，"底层阶级"并非贫穷导致，或者说，至少不能仅仅用贫穷来解释。他指出，有 2 500 万到 2 900 万美国人处于贫困线以下，只有"约 900 万不被认同"[①]，"在社会认同的界限之外游走"，他们是真正的"离经叛道"或反社会行为者[②]。这暗示着，即使能够消除贫穷，也不可能消除底层阶级。如果有穷人能够"在社会许可的界限内生活"，那么堕入底层阶级一定是因为贫穷之外的原因。这被归因于心理或行为上的疾病，在贫困时这些疾病可能会更加频繁地发作，但贫困并非决定性因素。

　　于是，沦为底层阶级变成了个人选择问题——无论有意，还是无意。即使有些人错过了摆脱贫困的机

　　（接上页）他写道："从我对底层社会和穷人的报道中，我深刻认识到，把他们统一化是理解他们的敌人。笼统地概括'底层阶级'……或'受害者'……或贫穷'几乎被消灭'……或说政府'是问题所在'，都是危险的。从 3 万英尺的高空俯视，所有人都和蚂蚁无异。"[K. Auletta(1982) *The Underclass*. New York：Random House，p.317.]意料之中的是，这类警告并没有引起重视。在新闻、政治和大众认知方面，奥莱塔的研究又一次强化了底层社会的统一形象。

① 　K. Auletta（1982）*The Underclass*. New York：Random House，p. xvi.

② 　K. Auletta（1982）*The Underclass*. New York：Random House，p.28.

遇,或因付出的努力以失败告终而沦为底层阶级,这也是因为他们的选择。在一个选择自由的国度里,没有做应该做的事,通常被不假思索地解释为作出了其他选择——在这个场景下,是选择了"反社会行为"。堕入底层阶级是自由的一种体现。在自由的消费者社会里,限制一个人的自由是不被允许的,但很多人认为应该限制那些滥用自由且威胁到他人自由的人,他们骚扰、纠缠、恐吓、捣乱、给他人的良心造成负担,并用各种手段摧毁其他人的生活。

把"底层阶级问题"和"贫困问题"分开,无疑是一石数鸟。最明显的影响是,在这个以喜欢诉讼著称的社会里,可以避免底层阶级声称自己是社会机能失灵的受害者,剥夺他们"索赔"的权利。无论案件如何推进,举证责任都公平公正地转移到"底层阶级"身上。他们必须首先证明自己的善意和决心。无论要做什么,首先必须由底层阶级自己来做(当然,也不乏专业的、自告奋勇的辅导者为他们提供咨询,告诉他们到底要做什么)。如果他们什么都没有做,那么解释就很简单,到底是谁的责任也就清清楚楚。如果说其他人有什么值得自责的地方,那也只是缺乏足够的决心去遏制底层阶级的错误选择。这样一来,更多的警察、监狱,更严厉更可怕的惩罚,显然是用于亡羊补牢的手段。

　　另一个影响可能更重要:底层社会的异常使得贫困问题"正常化"。我们应该还记得,被置于社会认可界限之外的底层社会,只占"公认的穷人"的一小部分。正因为底层社会是一个如此重要又紧急的问题,所以大部分非"底层"的贫困人口就算不上急需解决的问题。与底层阶级一贯的丑陋和可恶不同,"仅仅是穷人"的人只是暂时遭受着不幸,他们本质上是正直的人,会作出正确的选择,并最终回到社会认可的边界之内。正如堕入底层是一个选择问题,脱离贫困也是个选择问题——如果作出的是正确的选择。穷人沦为底层阶级是选择的结果,这个观点暗示的是,他们完全可以作出另一种选择,使自己从困境中解脱出来。

　　消费者社会有一个没有争议的、核心的、不成文的规则,即自由选择需要具有竞争力——行使选择权的技能和决心。选择自由并不意味着所有的选择都是正确的,因为既有好的选择,也有坏的选择。最终作出的选择是是否具有竞争力的证据。底层社会是错误选择者的集合,证明了其成员"选择无能"。

　　劳伦斯·米德(Lawrence C. Mead)在关于当今贫困根源的极具影响力的文章中特别指出,无能是富足社会中的贫困持续存在的最主要原因，也是所有旨在消除贫困的一系列国家政策惨败的原因。[1]穷人纯粹是缺乏能力去享受工作生活，他们作出了错误的选择，把"不工作"置于工作之上。米德说，正是由于这种无能，工作伦理的呼吁才会被当作耳边风，无法影响他们的选择：

> 问题的关键在于穷人能否对自己负责，首先，他们是否有能力管理自己的生活[2]……无论罗列出什么外在原因，这些无业者的内心始终是个谜——赤贫的人在把握明显存在的机会时总是表现得消极被动。想了解无业者，就不得不向心理学或文化求助。在很大程度上，赤贫的成年人逃避工作，不是因为其经济状况，而是因为他们的信念[3]……在就业没有禁止性壁垒的情况下，穷人的个性成为理解和克服贫困的关键。心理学是探

---

[1] L. M. Mead(1992) *The New Politics of Poverty：The Nonworking Poor in America*. New York：Basic Books.

[2] L. M. Mead(1992) *The New Politics of Poverty：The Nonworking Poor in America*. New York：Basic Books, p.x.

[3] L. M. Mead(1992) *The New Politics of Poverty：The Nonworking Poor in America*. New York：Basic Books, p.12.

究他们为什么不愿工作的最后可能[1]……为什么穷人不能像社会期望的那样奋力抓住机会呢？他们到底是什么样的人？贫穷的文化核心似乎是无法掌控自己的生活，也就是心理学所说的效能缺失。[2]

永远不缺少机会，我们不都是活生生的例子吗？但是，必须具备发现机会的能力，具备拥抱它们的能力：一些智慧、一些意愿和一些努力。穷人很明显缺少这三种能力。穷人的这种缺陷，总体来说是个令人欣慰的好消息。我们是负责任的，为穷人提供了机会。穷人是不负责任的，拒绝接受这些机会。就像医护人员在病人始终不配合治疗的情况下无奈放弃那样，面对穷人顽固不化的工作态度，我们只得放弃提供就业机会的努力。我们能做的事情是有限的。工作伦理只帮助愿意接受帮助的人，工作的机会就在那里，剩下的要靠穷人自己争取。他们无权再向我们提出其他要求。

---

[1]　L. M. Mead(1992) *The New Politics of Poverty*：*The Nonworking Poor in America*. New York：Basic Books，p.133.

[2]　L. M. Mead(1992) *The New Politics of Poverty*：*The Nonworking Poor in America*. New York：Basic Books，p.145.

在社会日益富裕的过程中，如果贫困仍继续存在并持续扩大，那么工作伦理一定是无效的。但是，如果我们相信，工作伦理之所以无效只是因为其戒律没有得到很好的倾听和遵从，那么，就只能用那些掉队者的道德缺陷或犯罪倾向予以解释。

让我再重复一遍：一开始，工作伦理是一种非常有效的手段，它可以帮助急需劳动力的工厂迅速扩充人员。随着劳动力迅速变成提高生产力的障碍，工作伦理仍然可以发挥作用，但这次是作为另一种有效手段：洗涤社会中正常人的双手和良知，帮他们从抛弃同胞致使同胞永久失业的罪责中摆脱出来。在对穷人的道德进行谴责的同时，对非穷人的道德实施赦免，通过这种双管齐下的方法，达到双手和良心的洁净。

贫穷即犯罪

面对那些"选择"不依靠工作谋生的穷人，米德在文章的最后强调："社会政策必须公正而坚定地抵制消极的穷人，直到理性被重新唤醒，直到他们自身土崩瓦解。"[1]

---

[1]　L. M. Mead(1992) *The New Politics of Poverty*: *The Nonworking Poor in America*. New York: Basic Books, p.261.

这个比喻简直无可挑剔。底层阶级在当今富裕社会最重要的作用之一，就是吸纳恐惧和焦虑，过去强大的外部敌人扮演了这个角色，但他们已不复存在。底层阶级是内部的敌人，注定要取代外部敌人，成为保持社会健康的关键药物，成为源于个体不安全感的社会紧张的安全阀。

底层阶级特别适合这个角色。米德反复强调，促使"正常的"、正派的美国人组成统一战线，反对那些福利寄生虫、罪犯和辍学者的，是他们察觉到那些人具有的强烈矛盾性：底层阶级冒犯了大多数人珍视的价值观，却又紧紧依附着它们，渴望像其他自力更生的人一样，获得消费生活的乐趣。换句话说，美国人对底层阶级真正的不满意在于，这些人的梦想，他们渴望的生活模式居然和自己如此相似。但是，这种追求的类似性并不能推导出矛盾性，正如彼得·汤森指出的，消费者社会的逻辑是把穷人塑造成未被满足的消费者："消费者的生活方式对于那些低收入者而言越来越触不可及，这里的低收入指的是只能维持生计、满足生活最基本要求的收入。"①消费者社会培养其成员体验消费者

① P. Townsend(1993) Poverty in Europe, in Z. Ferge and S.M. Miller (eds) *Dynamics of Deprivation*. Aldershot：Gower, p.73.

的生活方式，对于这种生活方式的可望而不可得，恰恰是最令人痛苦的剥夺。

每种社会秩序都会制造出一些威胁它们自身的危险形象。每个社会也会按自己的标准孕育为之奋斗的愿景。总体来说，这些愿景往往是孕育它们的社会的映射，那些危险的形象通常是社会负面的镜像。或者，用精神分析学的术语来说，这些威胁是关于社会选择的方式方法、关于社会当下和长期生存方式的社会内部矛盾的投影。一个社会如果对自己的生存方式缺乏自信，就会产生围城心态。攻击城墙的敌人是它自己"内部的恶魔"：被压抑的、环绕着它的恐惧渗透进它的日常生活，渗透进它的"常态"。为了长盛不衰，这些恐惧必须被逐渐挤出，被塑造为一个异端形象：成为一个有形的敌人，人们可以与之不断斗争，并有望征服它。

根据这条普遍性规则，传统的、建立秩序又深陷于秩序的现代国家面对的是革命的危险。敌人是革命者，更确切地说，是头脑发热、胆大妄为、过于激进的改革者，他们试图用一种新秩序取代当前的国家秩序，新的秩序意图颠覆现行秩序赖以生存的每一项原则。

从那时起，社会秩序的自我形象发生了变化，威胁的形象（秩序的负面形象）也获得了新的形态。近年来的犯罪率上升，不是功能失调或疏忽大意的结果，而是消费者社会自身的产物，这在逻辑上（而非在法律上）是合理的。更重要的是，这也是消费者社会不可避免的产物。消费者需求越大（即市场诱导越有效），消费者社会就越安全，越繁荣。然而，与此同时，那些有欲望并能满足自己欲望的人（已经被诱惑并能按照诱惑的期望行动的人）与那些已经被诱惑却无法按照期望采取行动的人，两者之间的差距越拉越大。市场诱惑，既是伟大的均衡器，也是伟大的分化器。为了取得效果，消费的诱惑、消费更多的理念必须传达到每一个角落，不加区别地传达给每一个愿意聆听的人。然而，总是存在不能够按照诱惑的期望付诸行动的人，他们每天面对着那些获得满足的人展示的令人眼花缭乱的景象。这些人被告知，奢侈的消费是成功的标志，是赢得公众掌声和名誉的捷径。他们还了解到，拥有和消费某些商品，践行这种生活方式，是幸福的必要条件，甚至是实现人类尊严的必要条件。

如果消费是衡量成功人生的标准，衡量幸福的标准，甚至是衡量尊严的标准，那么人类欲望的潘多拉之盒已经打开，再多的购买和刺激的感觉，都不能唤回过去"达到标准"带来的满足感；现在根本就没有标准可言。终点线和参赛者一起前行，人们力图到达的目标永远领先一步之遥。记录被不断打破，人的欲求似乎永无止境。人们目瞪口呆地发现，在那些印象中总是缺钱但由于私有化而"重获自由"的公司里，经理人的薪金可以动辄以百万美元计算，而那些因为玩忽职守被辞退的经理人，同样能得到以百万美元计的补偿。所有的地方、所有的渠道，传来的都是无比清晰的声音：除了攫取更多，没有其他标准，除了"打好自己的牌"，没有其他规则。

但是，并不是所有人都能拿一手好牌。如果获胜是游戏的唯一目标，那些手气不好的人就会尝试所有其他可以掌握的资源。在赌场老板的眼中，他们自己能够支配和周转的一些资源是合法的筹码，超出他们控制范围的其他资源则会被禁止。然而，玩家未必认可这种公平的界限，热切准备参与游戏的玩家尤是如此，更不必说那些没有能力获得合法的筹码又对游戏无比热忱的玩家。他们会利用所有自己拥有的资源，无论所谓的合法还是非法。他们原本也可能选择完全退出游戏。然而，在市场的诱导下，退出已经变得无法想象。

因此，在市场主导的消费者社会中，对那些无法实现欲望的玩家来说,解除他们的武装,剥夺他们的权利,镇压他们,就成为"通过商品诱惑整合社会"这个策略的必要补充。无能、懒惰的玩家必须被排除在游戏之外,他们是这场游戏的废弃品,只要不停止游戏,不停止吸纳参与者,这种废弃品就会源源不断地产生。不停生产这种废弃品还有个重要原因:需要让仍在参与游戏的人看到作出其他选择的可怕后果(他们也被告知这是唯一的后果),这样他们就能够忍受,并愿意忍受这场游戏给他们的生活带来的艰辛压力。

那些被排除在游戏之外的人所遭受的苦难,曾经被认为是社会造成的,需要用社会的手段来解决。鉴于现在这场游戏的性质,它们却只能被重新定义为个体的犯罪。"危险的阶层"就这样被重新定义为罪犯阶层。于是,监狱逐渐取代了日渐萎缩的福利机构的职责,而且随着福利经费的不断减少,很可能会在更大程度上取而代之。

越来越多的行为被归类为犯罪,但这并非消费主义社会全面发展、囊括一切的障碍。恰恰相反,这是其天然的副产品和先决条件。之所以如此,诚然有很多原因,但最重要的原因是,那些被排除在游戏之外的人(他们的资源无法匹配自己的欲望,在按照官方规则游戏时根本没有胜算)就是消费生活特有的"内在恶魔"的活化身。他们堕入贫穷，沦为罪犯，他们所遭受的痛苦、他们残酷的命运，都是这种内在的恶魔作祟，并最终将他们引向毁灭。定罪成了特有的清洁工具——将消费主义诱惑中不可避免的有毒污水排入下水道，由此，身处消费主义游戏中的人就不必担心自己受到影响。如果这就是挪威伟大的犯罪学家尼尔斯·克里斯蒂(Nils Christie)所谓的"监狱产业"①蓬勃发展的主要刺激因素，那么，在一个由消费市场激活和运营的、彻底去监管和私有化的社会里，放缓这个进程的希望可以说微乎其微，更不用说停止或逆转这个进程。

这种联系在美国表现得最为充分。在里根-布什自由竞争的年代，美国的消费市场盛极一时。与放松管制、取消福利相伴的是犯罪率上升、警力和囚犯的不断增长。那些年里，为罪犯准备的监狱也更加严酷，这匹配了大多数表面成功的消费者(沉默或不那么沉默的大多数)快速增长的恐惧、焦虑、紧张、不安和愤怒。"内在恶魔"越强大，大多数人越希望严惩犯罪、伸张正义。秉持自由主义的比尔·克林顿赢得了总统大选，

---

① N. Christie(1993) *Crime Control as Industry*. London：Routledge.

他承诺扩张警察队伍，建立更安全的新监狱。俄亥俄州托莱多大学的彼得·莱尼伯（Peter Linebaugh）是《伦敦死刑犯》（*The London Hanged*）的作者。包括他在内的一些观察家认为，克林顿的当选要归功于广为人知的对一个智障患者里基·雷克托（Ricky Ray Rector）的处决。克林顿在担任阿肯色州州长时批准了他的死刑。两年后，克林顿的共和党激进右翼对手在国会选举中大获全胜，因为他们让选民相信，克林顿在打击犯罪方面做得不够，他们会做得更多。克林顿的连任选举中，两党候选人都主张强大的警力，并对所有"依赖社会但侵犯社会价值"的人（这些人企图享受消费主义生活但没有对消费者社会的永续作出贡献）毫不留情施以打击。他们都力图在这个主张上压倒对手，最终克林顿胜出并获得连任。

1972年，福利时代盛极而衰之际，美国最高法院对死刑的判定是武断的、任性的，已经不适合服务于正义。这也反映了当时的公众情绪。在后来的几个裁决中，1988年判定对16岁的少年执行死刑；1989年判定对精神障碍者执行死刑；最后，在1992年声名狼藉的埃雷拉（Herrera）诉柯林斯（Collins）案中，法院裁定，被告可能是无罪的，但如果审判过程没有问题，符合宪法精神，仍然应该执行死刑。参众两院最近通过的犯罪法案把可判处死刑的罪行扩大到 57 项，在某些解释下，甚至可以达到 70 项。在一片鼓乐齐鸣声中，美国在印第安纳州特雷霍特市建起了一座监狱，内置联邦最先进的行刑室，以及可容纳 120 名死囚的牢房。1994 年初，共有 2 802 人在美国监狱中等待处决，其中有 1 102 位非裔美国人、33 位少年。不出所料，绝大多数的死囚都来自数量庞大并持续增长的消费者社会的失败者队伍。正如莱尼伯所言，处决的场景"被政客们无所顾忌地用来恐吓日益壮大的底层社会"。美国那些沉默的大多数需要对底层阶级进行恐吓，以驱逐自己内心的恐惧。

根据赫伯特·甘斯的说法，"较幸运的阶层对穷人的情绪是恐惧、愤怒和厌恶的混合物，但恐惧可能是其中最重要的因素"①。事实上，只有身处真正的、强烈的恐惧之中，这种情绪混合物才可能在动机上和政治上发挥作用。被广泛宣传的穷人对于工作伦理的反抗，以及他们不愿意像大多数正常人一样辛勤劳动，已经足以引发普遍的愤怒和厌恶。如果再叠加犯罪率上

① H. J. Gans（1995）*The War against the Poor：The Underclass and Antipoverty Policy*. New York：Basic Books，p.75.

升、暴力侵害他人生命和财产等惊悚信息，厌恶的情绪就会被恐惧淹没。对工作伦理的违抗除了在道德上令人憎恶之外，又成了一种令人恐惧的行为。

贫困从社会政策的问题变成了刑法学和典狱学问题。穷人不再是消费者社会的弃儿，他们在全面的竞争中败下阵来，彻头彻尾地成为社会的公敌。依赖救济的人和毒贩、强盗、杀人犯之间，只有一条能够轻易跨越的纤细界线。依赖救济的人是犯罪集团天然的温床，让人们依赖救济生存无异于支持犯罪。

逐出道德义务的世界

把贫穷与犯罪联系起来还有另一个作用：把穷人从道德义务的世界中驱逐出去。

道德的本质是为弱者、不幸的人、受苦难的人谋求福祉的责任冲动，给贫穷定罪可以消除和减弱这种冲动。作为事实的或潜在的罪犯，穷人不再是一个道德问题，他们已经被摒弃于我们的道德义务之外。保护穷人不受残酷命运的伤害也不再是一个道德问题，另一个道德问题取而代之，即保护正常人的权利和他们的正当生活，使他们避免来自卑贱街区或贫民窟的袭击。

如前所述,既然现在不工作的穷人已经不是"劳动力后备军",那么帮助他们保持良好的状态以备在需要时积极参与生产,就失去了经济意义。但是,这并不意味着为他们提供有尊严的生活条件没有道德意义。他们的福祉可能与提高生产力和利润率无关,却仍然与人类应有的道德情感、人文关怀以及人类社会的自尊紧密相关。甘斯在自己著作的开头引用了托马斯·潘恩(Thomas Paine)的一段话:

> 当世界上任何一个国家宣称,我们的穷人是幸福的,他们之中没有无知,也没有痛苦,我们的监狱里没有囚犯,街道上没有乞丐,年长者免于贫困,没有苛捐杂税……当一个国家敢于这么说时,它的宪法和政府就是值得夸赞的。

在现代历史的早期阶段,工作伦理在关联经济利益与托马斯·潘恩阐述的道德关怀方面,具有明显优势。把穷人带进工厂去工作可能符合商品生产者和商人的利益(这些利益甚至可能为工作伦理的宣传注入了最大的动力),但它呼应了公众的道德敏感——他们为失业者所遭受的苦难感到担忧、不安和羞愧。鉴于新兴的大规模工业似乎对不断增长的劳动力供应有着无尽的渴求，道德关怀可以在传播工作伦理的福音中找到一个合法又现实的出路。可以说，资本的利益与整个社会的道德情感有了一次历史性邂逅。

现在的情况有所不同，表面上没有什么变化的工作伦理与公共道德产生了一种新的关系。它不再是道德情感的出口，而是成为 20 世纪末"中立化"（adiaphorization）的有力工具。凭借这个进程，道德上难以接受的行为①摆脱了道德谴责的约束。

"中立化"一个行为，就要宣布它在道德上是中立的，或者说，让它接受道德标准之外的其他标准的评价，豁免于道德评价。对遵守工作伦理戒律的呼吁，现在成了一场获得道德同情资格的测试。然而，在这场测试所针对的群体中，大多数人都（必然）无法及格。他们一旦失败，就会自然而然被认为是他们自己选择把自己排除在道德义务的边界之外。社会大众于是不再对他们的困境负有任何责任，也不会因为背弃了自己的道德义务而内疚。鉴于道德冲动的普遍性以及对

---

① "道德上难以接受的行为"意指"不施予穷人道德关怀"。

人类苦难和屈辱的敏感性，这可以说是一项伟大的成就。

永远不可能彻底扼杀道德冲动，所以彻底脱离道德义务也不现实。用不工作的穷人道德败坏且具有犯罪倾向的新闻持续不断地轰炸，或许能够成功地压制大众的良心，但道德冲动无法消除的残余始终存在，它们一次又一次地在寻找出口。定期的"慈善盛宴"提供了这样的出口——它们通常由耸人听闻的苦难或毁灭性的悲惨景象引发，是一种大规模但短暂的道德情感的爆发。然而，所有的慈善盛宴都是为了间接强化（而非破坏）日常的规则。大规模慈善的景象使日常的镇静和道德的冷漠更容易忍受。最终，它们强化了在道德世界放逐穷人的信念。

当代最杰出的记录者雷沙德·卡普钦斯基（Ryszard Kapuściński）最近解释说，操持这些"慈善盛宴"的媒体运用了三种相互关联的手段。[①]这些手段持续地作用，最终达到了效果。

第一，关于饥荒或者人们被迫背井离乡、无家可归的新闻，总在暗示，在"电视中"的人们死于饥荒和疾病

---

① R. Kapuściński(1997) *Lapidarium III*. Warsaw：Czytelnik，pp.146 ff.

的那片遥远土地上，也诞生了"亚洲小龙"——虽然所有"小龙"加起来也不及亚洲人口的百分之一。它们传达了想要传达的：饥荒和无家可归是他们自己的选择。其他选项是存在的，然而他们缺乏勤奋和决心。字里行间的意思是，穷人应该对自己的命运负责。他们可以像"亚洲小龙"一样，选择勤奋节俭的生活。

　　第二，这些新闻的行文把贫穷降格为仅仅是饥饿范畴。这个策略有两个效果：贫困的真实规模被降低了（全世界有 8 亿人长期营养不良，但约有 40 亿人，即世界人口的三分之二，生活在贫困中），今后的任务也被局限在帮助饥饿的人寻找食物。但是，正如卡普钦斯基指出的，这种对于贫困问题的表述，比如最近《经济学人》在"如何养活世界"的标题下对世界贫困问题的分析，"非常恶劣地贬低了——实际上是否认了——我们声称需要帮助的人的人性"。"贫穷＝饥饿"，这则等式掩盖了贫穷的复杂性："令人恐怖的生存和居住条件、疾病、文盲、敌视、支离破碎的家庭、衰弱的社会关系、没有未来、没有生产能力"。这些都是饼干和奶粉无法解决的。卡普钦斯基还记得，他在非洲乡村游荡时遇到的孩子"不是向我乞讨面包、水、巧克力或玩具，而是乞讨一支圆珠笔，因为他们上学时没有东西可以用来写作业"。

还有一点需要补充,媒体展示的可怕画面与受指责违背工作伦理的穷人困境之间的联系,被小心翼翼地回避了。被展示的是受苦的人和他们遭受的饥饿,但无论观众如何睁大眼睛,都无法在画面中找到任何工作器具、可耕作的土地或牲畜。在一个不需要更多劳动力的世界里,工作伦理的空洞承诺和这些用于宣泄道德冲动的人所处的困境似乎没有任何关系,工作伦理在这个过程中毫发无伤,准备再次扮演鞭子的角色,把本土的穷人赶出他们徒劳寻求的福利国家的庇护。

第三,媒体所呈现的灾难场面,也以另一种方式鼓励了日常道德的撤出。除了卸载不断积累的道德感情外,其长期的影响是:

> ……世界上的发达地区以事不关己的藩篱将自己包围起来,竖起一道全球的柏林墙,来自"外部"的信息都是战争、谋杀、毒品、抢劫、传染病、难民和饥荒,都是那些对我们造成威胁的东西。

只有在极少的情况下,在撇清与战争、屠杀的关系之后，我们才会听到轻描淡写的声音叙述着杀人武器正被使用。在更少的情况下，我们才会被提醒虽然知道却不愿提及的事情：那些把遥远的土地变成杀戮战场的武器，都是我们的军工厂提供的。我们炫耀着订单，为自己的竞争力感到自豪，这是我们所珍视的繁荣的命脉。一个人造的咎由自取的景像沉淀在公众意识中：一个显而易见的"贫民街区"和"危险区域"的形象，一个夸张演绎的黑社会，一个没有道德、无法救赎的低等人的世界。把他们从自己酿造的苦酒中拯救出来只能短暂有效，长期来看则注定失败，所有抛出的救命索必然纠缠在一起，形成死结。

于是，久经考验、值得信赖的工具"中立化"展现了自己的价值：清醒、理性地计算成本和收益。在这些人身上花钱等同于浪费，所有人都同意，浪费是不能接受的。遭受饥荒的人不能作为道德对象，我们的立场也不是道德问题。道德只为慈善盛宴而存在——那些怜悯和同情的浓缩物爆炸产生的宏大的、稍纵即逝的场面。一说到我们（富人们）对世界上穷人的持续痛苦负有集体责任，经济计算就会占据上风，自由贸易规则、竞争力和生产力取代了道德准则。经济发言的时候，道德最好保持沉默。

独有工作伦理除外。它是经济规则能容忍的唯一变体。工作伦理不是一味追求利润和竞争力的敌手，而是其必要的、有益的补充。对于世界上的富裕阶层来说，工作伦理是单边的。它阐述了那些在生存中挣扎的人的职责，却只字未提那些超越了维持生计、有着更高层次追求的人的职责。特别是，它否定了前者对后者的依靠，于是免除了后者对前者的责任。

现在，工作伦理令"依靠"这种想法名誉扫地，依靠逐渐成为一个肮脏的字眼。福利国家体制被指责培养了依靠，问题被提升到自我延续的文化高度，这是去除福利国家体制的一个冠冕堂皇的理由。这场反对依靠的圣战中，道德责任第一个被波及，因为"他者"的依靠就是自身责任的镜像，是所有道德关系的起点，也是一切道德行动的基础假设。在诋毁穷人的依靠是罪恶的同时，当前演绎的工作伦理，给富裕阶层的道德顾虑带来了最大的慰藉。

第五章
全球化之下的工作与过剩

现代生活方式在于持续不断地重塑世界。使事物变得不同、变得比目前更好的冲动，以及紧随其后能够增强这些冲动的实践，就是人们常说的"现代化"（modernization）。现代化不应该被解释为"通往现代性（modernity）之路"。如果那样，它就变成了一系列"变得更现代"的行动。一旦这些任务完成，现代化就戛然而止。现代化就是现代性，一旦停止，现代性也随之消亡。现代化是对世界和人们生活方式的一种难以抑制、令人上瘾的"重塑"，是"现代生活方式"的同义词。永久和持续的现代化是现代性的基本特征，这种生存方式使它有别于其他（传统主义）生存方式。那些生存方式大体上主要致力于社会的持续再生产，最好形式上不要发生任何变化。

然而，现代历史的大部分时间里，现代化都被看作是一个有期限的过程或任务，一项"有终点线"的事业。这与其内在的自我推动趋势是相悖的。赋予它的任务是清理历史遗留的众多不完善、不协调、不健全的东西，使其达到一个不需要进一步修正（更不需要推倒重来）的形式。比如，一旦社会生产力的发展能够满足人类需求的总和，经济就会进入一个稳定状态，并一直持续下去。届时，追求进一步的"经济增长"就会具有破坏性，会打破平衡。因此，现代化被视为一种工具，一种用来实现理性社会这个终极目标的工具。

资本主导的现代化逻辑违背了人们的期望。资本主义初期，其动力来自征服并殖民"处女地"——把生产者和生产资料分离，把商业活动和家庭经济分离，从而把非现代化的生活带入市场经济的轨道，并将其变成资本的牧场。一旦这项工作完成，可以改造的"处女地"所剩无几，现代资本主义社会的进一步生存就取决于把已经现代化的部分进一步现代化。这个过程最近被封装在"资产剥离"（asset stripping）这个新潮的概念里。这个重要转变让人们留意到一直存在却又一直被疏忽的现代创造力的特点：它的破坏性。

自古以来，没有什么可以真正从零开始——尽管那些"处女地"被入侵和殖民之前被断言"一无所有"，以（错误地）开脱殖民者的行为。当需要治疗的病症很大程度上是医源性的，即病症是治疗本身的副产品，当重组的对象大多数是过去重组的产物，是过去破坏性喧嚣的恶报时，幻觉就不再能够维系。除了装睡的人，大家都清楚，所有的创造都是创造性的破坏。所有的创造都会留下一些具有污染性且常常有毒性的残渣——"合理化"的废弃物。合理化就是分离合理化对象中有用的（无论如何定义与衡量"有用"）部分和"无用"（冗余）的部分，并对后者进行清理。

理查德·森尼特认为，近年来商业战略的一个最重要的原则是"间歇性体系重塑"（discontinuous rein-vention of institutions），将其破坏性的行为隐藏在"再造"（reengineering）[①]这个令人得意的名称之下。森尼特说："关于再造，最显著的事实是工作岗位的缩减"。他引用迈克尔·哈默（Michael Hammer）和詹姆斯·钱

---

① Richard Sennett, *The Corrosion of Character*：*The Personal Conse-quences of Work in the New Capitalism*. New York：W.W. Norton & Co., pp.47-51.

皮（James Champy）的话说：再造意味着"少花钱多办事"。以美国为例，在不超过 15 年的时间里（1980—1995 年），再造的主要受害者——"被精简"的工人的数量至少达到了 1 300 万，实际上很可能多达 3 900万。如今，术语"再造"已成为"更高效率"的代名词，"让人联想到通过与过去决裂而实现的更紧密运营"。无论事情的真相如何，人们对"再造"的热情很容易理解："精简"预示着立即削减开支，"股东的短期回报极大地激励了这个信誓旦旦的表述掩盖的乱象"。于是，"有效可行的商业被破坏和弃置，有能力的员工被解雇而非获得奖励，只因为组织必须向市场证明它有能力改变"。

对人的"精简"意味着更多的冗余。就人而言，那些制造出来的冗余构成了"再造"的主要"废弃物"。为了生存，公司必须向股东证明投资是有回报的。为了做到这一点，他们必须证明自己有能力侵略和征服，有能力"创造性地破坏"，就像"处女地"充沛的殖民时代一样。在目前的情况下，一种有效的方法是兼并，这种兼并有时是友好的，但大多数是恶意的，随之而来的就是"资产剥离""精简""外包"和大规模（自愿或不自愿的）裁员。

殖民主义，还是剩余劳动力输出

1883 年召开的工会代表大会上，一位来自索尔特本（Saltburn）的托因（Toyne）先生的发言①反映了当时全国的普遍观点。他关切地指出：

> 在农村出现了垄断土地的趋势，把小的庄园变成大的庄园。小农庄被推倒，土地被大庄园吸收。现行的土地制度正把人从田地赶到矿山和工厂，在劳动力市场上与手工业者竞争。全国的劳动人民渴望从这种情况中解脱。

抱怨其实了无新意，只是原告和被告发生了变化。以"经济进步"之名，类似的问题在创造性破坏的动荡历史中单调地重复着。在托恩的案例中，劳动力市场的过度拥挤被归咎于农业技术进步导致的小农破产和衰败。几十年前，工业机器引发的手工业行业解体为许多人招致了苦难。几十年后，轮到了矿山和工厂，它

①　参见 *Report of the TUC* 1883，p.39。

们曾经拯救过因农业技术进步而流离失所的受害者。所有这些例子里，减轻劳动者生活压力、提高他们生活水平的方法，无不是寄望于转移人口、减少本地就业竞争。这种补救措施似乎是明摆着的，也没有引起任何争议，毕竟还有很多地方可以迅速安置那些剩余的劳动人口。正如农业工人工会的传奇领袖约瑟夫·阿奇（Joseph Arch）1881年在女王陛下的农业委员面前的证词①：

问：你如何确保劳工获得更高的薪水？

答：我们已经大幅减少了市场上的劳工数量。

问：你们是如何减少市场上的劳工数量的？

答：在过去的八九年里，我们已经移民了大约70万人，包括男人、女人和儿童。

问：这70万人是如何移民的？资金来自哪里？

答：我去了加拿大，和加拿大政府达成了协议，给他们那么多的人，并从交易中得到那么多的资金。

通过大规模驱逐过剩人口，把本地产生的"社会问题"输出到远方的另一个原因，是担心拥挤在城市里"过剩的人"成为不安定因素。城市之中零星却不断发

① 引自 J.B. Jeffrey's（1948）*Labour's Formative Years*. London：Lawrence & Wishart。

生的动乱，刺激了当权者的决策。1848 年 6 月以后，巴黎的"贫民区"被全面清洗，大批桀骜不驯的穷苦人和下层民众被集中送往海外的阿尔及利亚。巴黎公社之后，历史又一次重演，这一次的目的地是远离巴黎的新喀里多尼亚（New Caledonia）。[①]

从一开始，现代就是大迁徙的时代。至今为止，不计其数的人远渡重洋，离开无法生存的故土，去往满载憧憬的异国他乡。随着时间的推移，现代化的热门区域不断变化，热门的线路也不断变化，但总体来说，移民都是从世界上"较发达"（现代化程度较高）的地区向"不发达"（在现代化冲击下还未舍弃其传统的社会经济平衡）的地区流动。

移民是由多种元素决定的。一方面，过剩人口无法在自己的国家找到有报酬的工作，或无法维持既有或继承的社会地位，这通常出现在先进的现代化进程主导的地区。另一方面，同样因为快速的现代化，产生了过剩人口的国家（即使是暂时的）在技术和军事上优越于那些尚未开始现代化进程的国家。这种优越性足

---

① 参见 Jacques Donzelot，Catherine Me'vel and Anne Wyvekens(2002) De la fabrique sociale aux violences urbaines，*Esprit*，December，pp.13-34。

以使他们把这些落后地区视为或作为"无人区"（在镇压"土著人"的反抗过程中，或在殖民者觉得安抚太过麻烦而挥舞武力的过程中，把这些区域变成无人区）：也就是说，大规模迁徙的条件已经成熟。据不完全估算，自欧洲士兵和商人首次抵达这些"未开化"地区并定居到 20 世纪初，这些地区的土著人口数降至最低点，约有 3 000 万—5 000 万当地居民死于非命，约占他们总人口的 80%。[1]许多人被杀害，许多人死于外来疾病，其余的人因为失去了几个世纪以来先辈赖以生存的生活方式而死亡。正如查尔斯·达尔文对欧洲主导的"蛮荒开化"这个传奇进程的总结，"欧洲人走到哪里，死神就降临哪里"。[2]

具有讽刺意味的是，为了开辟新的场所（用于堆放因国家经济进步而产生的"废弃人口"的垃圾场）安置欧洲的剩余人口，而对原住民赶尽杀绝，是同样以进步的名义进行的，欧洲的剩余人口摇身一变成为"经济移

---

[1] 参见 David Maybury-Lewis（2002）Genocide against indigenous peoples，in Alexander Laban Hinton（ed.）*Annihilating Difference：The Anthropology of Genocide*. California：University of California Press，pp.43-53。

[2] 引自 Herman Merivale（1861）*Lectures on Colonization and Colonies*. London：Green，Longman & Roberts，p.541。

民"。例如,西奥多·罗斯福(Theodore Roosevelt)就把消灭美洲印第安人表述为对文明事业的无私奉献:"本质上,正义站在殖民者和开拓者这边;否则这片伟大的大陆只能成为肮脏野蛮人的庇护所。"[1]罗卡将军(Roca)是阿根廷历史上臭名昭著的"征服沙漠"事件的指挥官,"征服沙漠"这个委婉的名字背后是对潘帕斯地区的印第安人的"种族清洗"。罗卡将军向他的同胞解释说,他们的自尊迫使他们"尽快以理性或武力的方式打倒这群野蛮人。他们破坏了我们的财富,阻止我们以法律、进步和自身安全的名义,占领共和国最富饶、最肥沃的土地"[2]。

解决本土问题的全球化策略之兴衰

今天,地球已经满负荷。

需要说明的是,这不是一个物理学或人文地理学

---

[1]　Theodore Roosevelt(1889) *The Winning of the West*: *From the Alleghenies to the Mississipi*, 1769-1776. New York: G. P. Putnam Sons, p.90.

[2]　参见 Alfredo M. Serres Guiraldes(1979) *La Estrategia de General Roca*. Buenos Aires: Pleamar, pp. 377-378,引自 Herman Merivale (1861) *Lectures on Colonization and Colonies*. London: Green, Longman & Roberts。

的论断。就物理空间和人类栖息地的延伸来说，地球远没有达到极限。相反，人口稀少、无人居住的土地面积似乎在扩大而非缩小，这些土地被认为不适合居住，不足以支撑人类的生活。毫无疑问，以不断上升的成本为代价，技术进步提供了新的生存方法，使得人类可以在曾被认为不适合居住的栖息地定居，但它也销蚀了许多栖息地维持以前居住和养育人口的能力。经济进步使昔日的谋生方式不再可行、不切实际，从而增加了休耕和荒地面积。

"地球已经满负荷"是社会学和政治学的论断。它不是指地球的状况，而是指地球上居民的生存方式和方法。它标志着"无人区"的消失，标志着能够被界定或被视为无人居住、没有主权管辖的土地的消失，标志着可以作为殖民地的土地的消失。这样的土地在现代历史的大部分时间里，在持续的"现代化"进程影响之下，扮演着人类垃圾场的重要作用，现在它们基本上不复存在。

"过剩""冗余""剩余"的人口，是一些不能或不希望被留下、被接纳的人口。制造"废弃人口"，或者更正确地表述为，制造"被废弃的人"，是现代化过程不可避免也难以处理的结果，与现代化如影相随。这是秩序建立和经济发展不可避免的副作用。每种秩序都会丢弃现存人口中"不协调""不合适"或"不受欢迎"的部分。经济发展不可能不破坏和废弃之前行之有效的谋生方式,必定会剥夺一些从业者的生计。

在现代历史的大部分时间里,若以地球上的现代(过分现代化)区域为参照,世界上还有庞大的区域("落后""不发达"的地区)没有受到现代化压力的影响,从而也就没有"人口过剩"的问题。在全球现代化的进程中,这些"未开化的""欠发达的"地区往往被视为或作为能够吸纳发达国家过剩人口的土地,是出口"过剩人口"的天然目的地,是倾倒现代化"废弃人口"的理想垃圾场。清除和处理全球"现代化"过程中产生的"废弃人口",是殖民主义和帝国主义征服的最深层意义。这两个过程都是因为发展水平严重不平衡力量差距持续拉大的必然结果,这也导致现代生活模式被限制于一个相对较小的"特权"区域。这种不平等为现代国家提供了本土"人口过剩"问题的全球化解决方案。

只要现代性(即永不停歇、引人入胜、使人沉迷的现代化)仍然是一种区域"特权",这种情况就将持续下去。一旦现代性如人们所望,艰难地挣脱束缚成为全人类普遍的福祉,它在这个星球上的统治影响力也就走到尽头。当现代化的胜利号角响遍世界的每一个角落，当全体人类的生产和消费都以货币和市场为中介，当商品化、商业化和货币化进程渗透进人类的每个缝隙，本地产生问题的全球化解决方案也就不再可行，或者说本地过剩人口的全球出口方案不再能够实施。所有地方，尤其是高度现代化的地方，现在都要承受现代性取得全面胜利的后果。他们必须寻找这个全球性问题的本地化解决方案，但他们逐渐认识到，这种努力是徒劳的。

简而言之：地球的这种饱和，本质上意味着过剩人口处理面临严重危机。在过剩人口的产生有增无减，不断上升到新高度的同时，地球上的垃圾场和垃圾回收的工具却急剧短缺。

雪上加霜的是，"废弃人口"或者说"被废弃的人"又增加了一个强大的新来源。全球化已经成为第三条"废弃人口"的生产线（另外两条是秩序建设和经济、技术的进步），也是最多产、最不受控制的一条生产线。它为旧问题披上了新衣，赋予旧问题全新的意义和前所未有的紧迫性。

现代生活方式在全球范围的传播，使大量的、越来越多的人口失去了以前的生存方式，以及生物学和社会、文化意义上的生存手段。由此产生的人口压力，即我们曾经熟悉的殖民主义压力，失去了现成的排泄口——既不能"回收"，又很难"安全处理"。没有足够的就业，也没有足够的福利保障，全球人口过剩的警报已经拉响。于是，"移民"和"难民"成了当代政治议程新的核心，模糊又无所不在的"安全担忧"在新兴的全球战略和权力斗争中发挥起越来越重要的作用。

迄今为止，基本上不受管制的、政治不可控的全球化进程，在全球"流动空间"中建立起各种新的"前沿阵地"，曾经仅限于现代主权国家内部的许多行政权力被转移到这里。众所周知，这些"政治自由区域"的脆弱又危险的平衡，是建立于"互相保证的脆弱性"之上。因此，安全恶化的警报加剧了本就足够脆弱的"安全担忧"，并将公众的关注和个体的焦虑从问题的经济、社会根源转移到个人人身安全。相应的，蓬勃发展的"安全产业"迅速成为"废弃人口"产业的主要分支之一，并成为解决"废弃人口"处理问题的首要手段。

工作和贫穷问题的全球化新维度

考虑到现在全世界所有方面都彼此紧密依存，特别是劳动分工、财富和贫穷的分配、社会分层,且考虑到填补鸿沟的可能障碍,缺乏政治愿景和缺失能够有效实现愿景的政治机构,就显得更加凶险,更具有灾难性。

远方的人遭受苦难的直接或间接源头,或许正是我们此时此地的所作所为,但由于距离遥远,它们并不会引起道德上的共鸣,也不会像身边所见的苦难那样能够引发强烈的行动意愿。富人和他们雇佣或解雇的穷人之间的鸿沟会持续扩大,世界上收入位居前20%的收入总和已经是位居后20%的收入总和的114倍。如果彼此相隔很远,富有和贫穷之间的关联很可能被忽视,无人关注。我们的相互依赖是全球性的,而道德义务,始终局限于本地。

但是,如果不加以重视,全球的苦难迟早会在国内重现,影响到人们希望以密实城墙保存的福祉。正如理查德·罗蒂(Richard Rorty)的警告:"全球化正在产生一种全球经济。在这个体系中,任何一个国家试图阻止其工人贫困化的努力只能导致他们丧失工作机会。"[1]不要问丧钟为谁而鸣,丧钟为所有人而鸣。罗

---

① Richard Rorty(1998)*Achieving our Country*. Harvard University Press, p.85.

蒂的呼吁不只是为了遥远国度的穷人们：

> 我们应该教育我们的孩子，让他们认识到不公平：我们这些坐在桌子后面敲打键盘的人的工资，是那些打扫厕所弄脏双手的人的 10 倍，是那些在第三世界国家制造键盘的工人的 100 倍。我们应当让他们看到问题的所在：先实现工业化的国家的财富是尚未实现工业化的国家的 100 倍。[1]

人类的生存现状，并不像官方倾尽全力宣传的那样冠冕堂皇。他们说我们身处一个"地球村"，"最偏远的雨林部落的居民们在笔记本电脑上辛勤工作"[2]。然而，正如娜奥米·克莱恩（Naomi Klein）揭示的，全球化远没有做到为所有人提供就业和技术，"一些跨国公司正在压榨最贫穷的落后国家，以获取难以想象的利润。这是属于比尔·盖茨的地球村，他积累了 550 亿美元的财富，而他三分之一的雇员是临时工"。克莱恩

---

[1]　Richard Rorty(1999) *Philosophy and Social Hope*. Penguin Books，p.203.

[2]　引自娜奥米·克莱恩不无讽刺的总结。参见 Naomi Klein(2001) *No Logo*. Flamingo。

还记得,在马尼拉郊区,她看到一个17岁的女孩在做组装电脑这样的高科技工作并对此表达了赞叹。"我们制造电脑,"女孩回应克莱因的赞美说,"但我们不知道如何操作电脑"。计算机只是号称要创造平等世界的众多商品的一个代表,事实上,这些商品确实取悦于消费者,但根本无法拯救其生产者于苦难。"耐克运动鞋的轨迹可以追溯到越南的血汗工厂,芭比娃娃的衣服可以追溯到苏门答腊的童工,星巴克的拿铁咖啡可以追溯到危地马拉被烈日炙烤的咖啡园,壳牌石油则可以追溯到尼日尔三角洲被污染的贫困村庄。"

现代化席卷全球,于是现代生活方式也遍布全球。新的"地球饱和"产生了两个直接的后果。对于这两个后果,我们曾简要地指出,但它们值得更多的关注。

第一个后果是,曾经能够定期、及时地清理少数现代化地区超产"废弃人口"(即"废弃人口"的生产超过了对其回收、容纳的能力)的通道被堵死了。一旦现代生活模式不再是部分区域的特权,之前处理"废弃人口"的主要方案,即那些"空旷""无人居住"的土地(更准确地说,由于实力差距而被视为或被作为空旷、无人居住的土地),就彻底消失了。对于现代化主宰之下刚刚开始面对"废弃人口"的地区,这样的通道从来就不存在。在所谓的"前现代"社会中,不存在"废弃人口"问题,也不需要这种通道。无论是因为通道被堵死,还是根本就没有通道,前两类社会都只能逐渐将排除异己的利刃转向自己。

超产的"废弃人口"是过剩人口的一部分,是不能重新融入正常的生活模式、不能被重新加工成"有用"的社会成员。如果他们可以被定时清理,运送到寻求经济平衡和社会平衡的围墙之外,那么那些免于被清理而残存于围墙之内的过剩人口,就需要被标记为"可以回收利用"。他们的确被排除在工作雇用之外,但那只是暂时的。他们的"待在外面"是一种非正常现象,需要得到治疗,以帮助他们尽快"回到"我们中间。正如之前所说的,他们是"劳动力后备军",需要保持足够好的状态,以确保第一时间回到"现役"。

然而,一旦超产"废弃人口"的处理通道被堵死,一切都会发生变化。所有"过剩"的人都留在围墙之内,和"有用的""正常的"人混在一起。这样一来,暂时丧失工作能力的人和被永远废弃的人之间的界限逐渐模糊,不再清晰可辨。现在,"被废弃"不再是一部分人的问题,所有人都将面对这种可能性,人们的社会地位将不断在两极之间摇摆。要处理这种新形式的"废弃物问题",过去行之有效的工具和策略不再有效,也不再适合。然而,为老问题的新形态寻找对策的努力,很容易被热切、徒劳地部署更多过去针对老问题旧形态的努力所拖累。为了安全起见,针对"内部废弃物"的应急措施应该成为首选,无论是否是临时性的,其优先级应该高于所有其他解决过剩的方案。

所有这样的和类似的时运挫折和反转,对于最近才面对超产"废弃人口"现象及问题处理的其他区域来说,倾向于被放大,并带来更严重后果。"最近"的意思是已经太晚。现在的地球已经超负荷,没有空余土地可以作为废弃物处理场,所有的现代国家都坚决反对新进入者。周边的区域不再欢迎过剩人口,也不会像过去那样被迫接纳他们。这些现代性后来者只能在本地寻求解决方案,他们成功的机会微乎其微。

这些国家向全球压力屈服,允许资本和商品在自己的领土自由流通,使得家庭和社区企业举步维艰。这些企业曾经能够并愿意吸纳和雇佣新生的劳动力,并确保他们能够生存。刚刚加入现代化大家庭的国家,终于体验到几百年前现代性先驱所经历的企业与家庭的分离,以及所有随之而来的社会动荡和人类苦难,但本地产生的问题,却不再能够获得全球化解决方

案：可以轻松安置"过剩"人口的充沛"空地"和"无
人区"。

部落战争和大屠杀、增生的"游击队"（通常只是伪
装的土匪团伙）之间相互火并，在这些过程中"过剩人
口"（主要是在国内失业的、没有前途的年轻人）也被消
灭和吸收。这是"现代性后来者"被迫实施的"本地解
决方案"之一。成千上万的人被赶出家门，死于杀戮，
或被迫逃出国境。

迄今为止，在这些后来者的土地上，唯一快速发展
繁荣的产业也许就是大量生产难民。

社会问题转为法律和秩序问题

华康德（Loïc Wacquant）提出一个悖论：

过去那些致力于争取减少国家干预，以解放资
本及其对于劳动力的使用，并取得显著成功的人，
今天却在拼命要求增加国家干预，以遏制放松就业
状态管制和落后区域社会保护恶化造成的恶果。[①]

---

① "Comment la'tolérance zéro'vintà l'Europe"，p.40.

如果仔细想想，华康德指出的这个转变是必然的，并非悖论。这种明显的心理变化严格符合从回收利用"废弃人口"到弃置"废弃人口"这个逻辑过程。这是一次非常彻底的转变，需要国家权力强有力的介入和协助。对此，国家义不容辞。

首先，是取消那些应对个体从生产力机器中（假设是暂时的）被驱逐或跌落的集体保险。如果这种被驱逐或跌落被认为是暂时的，是短暂的回收再造阶段（一个"康复期"，以回归到生产工作中去）的开始，那么这种社会保障对政治谱系的两翼来说都是具有显著意义的。然而，一旦这种回收再造的前景变得遥不可及，用于重塑的设施也越来越无法容纳那些堕落的、永远无法重生的人，这种社会保障很快就失去了"不只是左右"的支持。

之后，是设计和建造新的、安全的废弃物处理场。当成功回收的希望逐渐消失，过去的废弃物处理方法（输出过剩劳动力）也不再可行，对未来的疑虑不断蔓延以及"废弃人口"引发的恐惧不断加深，这项事业一定会得到越来越多的民众的支持。

社会国家正在逐步地，不可逆转地变成亨利·吉鲁（Henry A. Giroux）所说的"卫戍型国家"（garrison

state)①。他将其描述为一个越来越多地保护全球跨国企业利益的国家，"同时在国内加强了压制和军事化程度"。如今，社会问题越来越趋向于犯罪化。吉鲁总结道：

> 压制增加并取代了同情心。真正的问题被忽视了，例如城市中的住房紧张和大量失业，这是人们无家可归，年轻人游手好闲，以及毒品泛滥的原因。取而代之的是倾向于训诫、遏制和管制的相关政策。

"废弃人口"大规模聚集并迅速膨胀，看上去会变成持续的、永久的存在。这要求采取更严格的隔离政策和极端的安全措施，以免危及"社会的健康"以及社会系统的"正常运转"。根据塔尔科特·帕森斯（Talcott Parsons）的说法，所有系统都要执行的"模式维持"（pattern-maintenance）和"紧张关系管理"（tension-management）任务，目前可以完全归结为通过物理区域来隔离这些"废弃人口"，并将其排除在其他

---

① 参见 Henry A. Giroux（2002）Global capitalism and the return of the garrison state，*Arena Journal* 19：141-160。

正常人所处的法律框架之外，以"化解"和"中和"这个问题。既然"废弃人口"已经不能被放逐到遥远的垃圾处理场，也不能被放置在"正常生活"的边界之外，那就需要用密闭的容器将其封存起来。

刑罚系统提供了这样的容器。大卫·加兰（David Garland）对"卫成型国家"带来的变革做了简明扼要的总结：在回收利用"废弃人口"的时代，监狱发挥着"矫正部门的深端作用"，而今天，监狱"被更明确地视为一种驱逐和控制的机制"。狱墙，而非狱墙内发生的事情，"被视为这种机构最重要也最有价值的元素"①。充其量，"修复""改造""再教育""挽救迷途羔羊"的意图只是偶尔的口头敷衍，只是为了回应舆论报纸和政治家的愤怒攻击。非常明显，监狱的主要目的，或许也是唯一目的，不是暂时性处理"废弃人口"，而是对其进行终极的不可逆的处理。一旦被拒绝，永远被拒绝。对于假释或缓刑的囚犯来说，重返社会几乎是不可能的，他们只能重返监狱。缓刑监督官的职责不是帮助刑满释放人员更好地"回归社区"，而是为社区保驾护航，使其远离这种暂时放任的危险。"考虑被定罪的罪

① David Garland（2002）*The Culture of Control：Crime and Social Order in Contemporary Society*. University of Chicago Press，pp.177-178.

犯的利益,都会被视为站在公共利益的对立面。"①

　　事实上,罪犯通常被视为"本质就邪恶的人",他们"和我们是不一样的"。所有的相似性纯属偶然:

　　　　"我们"和"他们"之间不可能相互理解,不可能有沟通的桥梁,不可能有真正的交流……无论罪犯的性格是先天的,还是后天在反社会文化中成长起来的,结果都一样:他们超乎常理,无法挽救,被排斥于正常公民社会之外……那些不能适应社会的人必须被强行驱逐。②

　　一言蔽之,与许多其他社会机构一样,监狱的任务已经从废弃物③回收转变为废弃物处理。现代性的全球性胜利以及地球的饱和使得废弃物处理的通道不再有效,现在,监狱被指派到这场战争的前线。所有的废

---

①　David Garland (2002) *The Culture of Control*: *Crime and Social Order in Contemporary Society*. University of Chicago Press, p.180.

②　David Garland(2002) *The Culture of Control*: *Crime and Social Order in Contemporary Society*. University of Chicago Press, pp.184-185.

③　鲍曼强烈反对人的"物化"。在书中的有些地方,他把"被废弃的人",直接表达为"废弃物",两者的混用加强了把人视作或当作"物"的反讽意味。——译者注

弃物都有潜在的毒性，或者，被定义为废弃物就是被认为具有污染性，是潜藏的炸弹，总是会扰乱正常秩序。如果回收利用无利可图，回收方案（无论如何在现今的环境下）也不再现实，那么处理废弃物的正确方法就是加快其"生物降解"，同时尽可能安全地将其与普通人的居住环境隔离。

> 工作、社会福利和家庭支持曾经是刑满释放人员重新融入主流社会的手段。随着这些资源的减少，监禁已经变成了一项长期任务，囚徒几乎没有重返自由生活的希望……今天，监狱变成一种保留地、一个隔离区，以公共安全之名把所谓危险的人隔离。[1]

修建更多的监狱，增加可以判处监禁的罪行，"零容忍"政策，以及更长、更严厉的刑期，这些都是在当前的全球化新局势下为复兴失败的废弃物处理事业作出的努力。

可以说，监狱是把穷人和失业者（更准确地说，无

---

[1] David Garland (2002) *The Culture of Control：Crime and Social Order in Contemporary Society*. University of Chicago Press，p.178.

法就业的人)从"社会问题"范畴转移到法律秩序范畴的过程中采用的手段,是消除他们对于整个社会潜在的破坏性影响的投资。所有这些手段,如不断扩展的城市贫民窟、了无生气的难民营,都涉及由安保人员提供的空间隔离服务。社会工作者和社会福利人员已经被他们完全取代。

从社会国家到"安全国家"

"社会国家"(social state)是欧洲民主历史长河的最高成就,直到最近仍占据着主导地位,但今天却在逐渐衰退。

社会国家将其合法性,以及公民效忠国家、服从国家的合理性,建立在以下的承诺上:保护自己的公民,保护他们豁免于"过剩"、不被排斥、不被拒绝,帮助他们对抗命运的冲击——不因个人不足或不幸而沦为"废弃人口"。简而言之,承诺公民生活的确定性和安全性,对抗混乱和偶然性。如果有人不幸跌倒,身边的人会拉住他们的手,帮助他们再次站起来。

市场竞争造成的就业环境不稳定,是且将继续是人们对于未来不确定性、对于社会地位和自尊的不安全感的主要根源。社会国家承诺保护其公民，首先要排除这种不确定性，让他们有更稳定的工作、未来更具保障。然而，之前已经讨论过，这种情况不复存在。现在的国家无法兑现社会国家的承诺，政治家也不再热衷于重复这个承诺。相反，他们的政策预示着一种更不稳定的、充满风险的生活。人们在制定长期规划时需要直面各种意外，"终身"规划已是镜花水月。他们教导选民变得"更灵活"，为更多即将到来的更多不安全做好准备，并自己寻求社会产生的问题的解决方案。

因此，对于每个意图解除社会国家的政府而言，一个当务之急，是寻找或发明一个新的"合法化逻辑"，使国家权威和纪律主张能够赖以生存。是否会成为经济进步的"附带牺牲品"，现在是由自由流动的全球经济决定的，国家政府无法可靠地保证对其进行避免。加强同样自由流动的恐怖主义威胁导致的对于个人人身安全的恐惧，然后承诺增加安保力量，投入大量监控设备，扩大监控范围，进行更频繁的安全检查、更多先发制人的打击和预防性逮捕，以保障这种安全，似乎是一个可行的权宜之计。

人们每天都身处市场造就的切实不安全感之中，政治力量对这种不安全感无能为力，只能听之任之。

相反,"被包围的城堡"的心态,个人身心安全和私人财产无时不处于威胁之中的心态,是可以积极培养的。威胁必须被渲染上最邪恶的色彩,这样一来,无形的不可预测的威胁,就可以作为一个非常事件展现在惊慌失措的公众面前,当然更重要的是让他们认识到国家机关应对这些威胁的卓越能力、警惕性和良好意愿。这个目的确实达到了,而且效果卓著。中央情报局和联邦调查局几乎每天、每周都在向美国人民发出警告,警告他们的安全即将受到威胁,让他们处于持续的安全警戒状态,把个人安全变成各种各样的、四处弥漫的紧张气氛中的稳固聚焦点。美国总统不断提醒他的选民,"一旦不慎让一丝不安定因素流入国内,我们就会遭受前所未见的灾难"。这个策略受到其他众多政府的热切关注,它们纷纷效仿,把社会国家亲手埋葬。民众普遍要求建立一个强大的国家权力,有能力重燃一种希望,即保护他们豁免于"过剩"、处置和封闭废弃物,但新的要求不再建立在社会不安全和社会保护之上,而是建立在个人的脆弱性和人身安全之上。

难怪许多面临同样局面的政府都把目光转向美国,抱有共同的期待,认为美国的政策是一个可借鉴的有效榜样。表面的意见分歧之下,各国政府之间似乎存在着真正的"思想联盟"。这完全不能归结为一时的利益一致,而是不同国家的掌权者就一个共用的合法化政策达成了不成文的默契。这也是为什么法国新任的强硬派内政部长能够迅速声名鹊起,英国首相在其他欧洲首脑的注视下以极大的热情引入那些与制造"紧急状态"有关的美国式新做法,比如:把"外国人"(委婉地称之为"避难者")锁入难民营,坚决把"安全考量"置于人权之上,取消或停止他们自《大宪章》和《人身保护法》以来一直享有的人权;对所谓的"萌芽中的犯罪"采取"零容忍政策";以及反复警告民众,恐怖分子随时可能发动袭击。我们都有可能成为一场毫无准备、被迫卷入的战争的附带牺牲品。与这种直接、剧烈的威胁相比,过去那种对于社会过剩的恐惧相形见绌,甚至不复存在。

"附带损伤"(collateral damage)被创新性地关联于世界新边域环境中的"废弃人口"。这种新边域环境被无法抑制的猛烈全球化力量制造出来。至今为止,全球化力量有效抵制了所有驯服和监管的尝试。现代的"废弃人口"生产带来的各种恐惧压倒了传统的"废弃人口"生产带来的担忧和焦虑。无怪乎它们被热切地用于构建(以及解构)新的全球权力等级。

第三部分

第六章

新穷人的前景

　　人存于世的方式多种多样，但每个社会只会选择它偏爱或容许的方式。如果我们把某个人类的集合称为"社会"，那就意味着这些人归属于同一个集合，构成了一个整体。这正是社会作出选择的结果。虽然很少是"刻意"的选择，即勘查多种可能性后选择最有吸引力的那种，但正因为是没有经过设计的不经意的选择，它也就不会被轻易放弃。①正是这种选择，或者说这种

---

① 这种选择与"必然"，或"不可避免"无关，理论上来说具有任意性、偶然性，人们也可能走向与之完全不同的选择（所以我们才称其为"选择"）。正如柯奈留斯·卡斯托里亚蒂斯（Cornelius Castoriadis）所言，这种选择躲在"想象"（imaginary）背后。"想像"掌控整个社会，引导并切实地限制了社会成员对于自身、对于他们生存的世界的思考方式。这种"想象"先于反思，是自然而然又切合实际的，（转下页）

选择的持续沉淀,使得不同的集合大相径庭,当我们谈论不同的社会时,谈论的就是这种不同。一个特定的集合是否是一个"社会",它的边界在哪里,谁属于或不属于这个集合构成的社会,都取决于作出选择和推动选择的力量,取决于它对个体的控制力和个体的服从程度。这种选择归结为两种强制力,或者说,一种具有两种效果的强制力:秩序和规范。

当代的伟大小说家、哲学家米兰·昆德拉(Milan Kundera)在《告别圆舞曲》(*La Valse au Adieux*,Galimard,1976)①中描述了所有已知社会中显然存在的"对秩序的渴望":

> 渴望把人类世界变成一个无机的世界,在那

(接上页)所以社会成员并不觉得自己作出的选择是一种选择,也意识不到这种生活方式的偶然性。这种掌控的力度直接反映在当前选择的模式对人们来说多么"理所当然",也直接反映了人们跳出"想象",从其他角度思考自身所处的社会和其他社会的难度。例如,"当讨论封建社会时,我们很难抛弃经济概念,按经济学对现象进行归类,但当时的人们并非如此"[C. Castoriadis (1987) *The Imaginary Institution of Society*,trans. K. Blamey,Cambridge,Polity Press,p.163]。

① 引自 Peter Kussi's(1993) translation,*The Farewell Party*,Faber & Faber,p.85。

里一切都完美运行,按部就班,服从于一个超越个体的系统。然而,向往秩序就是向往死亡,因为生命本身就是不断破坏秩序的过程。或者换句话说:对秩序的渴望是一种堂皇的托词,是强烈厌世的借口。

事实上,对秩序的渴望未必源于厌世,却会促进厌世,因为它为厌世支配的所有行为提供了一个借口。我们说过,任何秩序都在不顾一切地把一致性、规律性和可预测性强加给人类世界,但人类倾向于多样化、反复无常、不可预测。正如柯奈留斯·卡斯托里亚蒂斯所言,人类是"一种能够创造其他事物的存在,是变化的源泉,因此他们也不断改变自身"①,人类的世界(除非是墓地)不可能是同一的、规律的、可预测的。人的存在就意味着不断选择并推翻选择,而要阻止人们进一步选择,使当下的选择不被推翻,则需要付出相当大的努力。只有出于"选择质量"的考虑,向往秩序才可以想象。任何一种秩序模式本身就是一种选择,它想

---

① C. Castoriadis（1997）Anthropology, Philosophy, Politics（trans. D. A. Curtis；lecture given in Lausanne in 1989）, *Thesis Eleven*, 49: 103-104.

要取代所有其他选择，终结所有进一步的选择。不过，终结选择是不可能的，因为无论是否刻意，是否欢迎，厌世必将随之而来。怀疑、厌恶和憎恨，这些糅合出厌世的情绪和态度，是人类与生俱来、根深蒂固、不可救药的怪癖，是无止境混乱之源。

另一种强制力是规范。规范是秩序模式在人类行为上的投影。规范告诉人们，在一个秩序井然的社会中，有秩序的行为意味着什么；可以说，它把秩序的思想翻译为人类的行为选择。如果说任何秩序都是一种选择，那么规范也是如此。一旦确定了秩序，也就限定了可选的行为模式。规范认定了某些行为是正常的，除此之外的其他行为则不正常。"不正常"意味着偏离了规范许可的模式。它会一直延伸到"背离"（deviation），这是"不正常"的极端表现。如果一种行为不仅不符合规范的要求，而且超出了可容忍的边界，就会引发纠正性干预或惩罚性干预。在单纯的不正常和更邪恶的背离之间，从来没有明晰划定的界限，其划定规则常常会引发激烈的讨论。因为，容忍限度问题决定了两者的区别。

秩序和规范是一个议题并在社会中经常被人们讨论。对秩序和规范有意识的关注表明，还有很多事情没有达到预期，这些事情不能被放任自流。秩序和规范的概念，正是源于对于现状的不满以及想要积极改变现状的冲动。一旦这两个概念被创造出来，人们就能看到关于秩序和规范的问题，并依据这两个概念给现实中的要素分类。因此，这两个概念都是"积极的""建设性的"：它们鞭策和推动着人们把现实提升到某个尚未完全达到的水平。谈论秩序和规范，这种行为本身就是实施它们的一种有力手段。

然而，秩序和规范暗示的"应该"变成了"必须"，忽略了大量的人类现实。如果它们包容一切，能够囊括所有人，也囊括人们做的所有事，那它们就失去了意义。秩序和规范旗帜鲜明地宣告，不是所有现存事物都可以被包含在这个公设的、正常运作的集合体中，也不是每个选择都被许可。秩序和规范的概念是对准社会现状的尖刀，传达的首先是分离、截断、切除、驱逐和排斥的意图。它们通过关注"不恰当的"来推行"恰当的"，把现实中那些被剥夺了生存权且注定被孤立、放逐和灭绝的部分挑选出来，加以限制和污名化。

秩序的设立和推广意味着实施驱逐——把一种特殊的管理制度加诸将被驱逐的人，使他们屈服于这种制度，从而驱逐他们。另一方面，规范（任何规范，工作伦理只是其中之一)则间接地发挥着作用,使得驱逐看上去更像是自我边缘化。

就秩序而言,被流放、被驱逐的是那些"违反秩序"的人;就规范而言,则是那些"不符合规范"的人。无论哪种情况,责任主要都在于被驱逐者,秩序和规范都预置了责任,先验地决定了"罪"与"罚"。是被驱逐者自己错误的行为,使他们成为被驱逐的对象,他们自己需要承担主要责任。因此被驱逐表现为社会性自杀的结果,而非社会性处决的结果。被驱逐者的过错在于没有付出努力或没有付出足够的努力避免被驱逐,他们甚至自甘堕落,使被驱逐成为自己必然的宿命。驱逐他们不仅是净化环境,也是一种道德行为,是合理的奖惩分配,是正义得到伸张;驱逐的决策者和执行者可以认为自己是正义的,因为他们正在捍卫法律和秩序,正在守护社会的高尚价值和标准。

这些观点忽略了一种可能性,也阻止人们思考这种可能性,即被驱逐的人可能根本无力对抗自己不幸的命运,更遑论控制。有些人可能只是因为自己的出身"违背了秩序"。他们因为自己无法决定的一些特质而被驱逐,他们没有做错什么,只是"像他们这样的人"不符合其他人的秩序观。另一些人或许也不是因为缺乏意愿而"达不到规范",而是因为缺乏某些必要的资源——其他人有而他们没有的资源。这些资源供不应求,不可能所有人都充分拥有。

事实证明,(即将)被驱逐的人不适合享有自由。赋予他们自由将导致他们的毁灭。一旦放任他们,可怕的事情就接踵而来,他们将给自己招来各种灾祸。剥夺被驱逐者的行动自由(他们一定会滥用或浪费这种自由)无疑是维护法律和秩序的需要,也最符合被驱逐者的利益。监视、控制、管理被驱逐者的行为,被认为是一种善行、一种道德义务。这两方面交织在一起,促使人们必须对这些达不到标准的人"做些什么",这种冲动从秩序的建立和维护中汲取力量,也涉及怜悯和同情等道德情感支持。然而,无论它的动力是什么,这种冲动总是化为全力"他律"(heteronomous),剥夺那些不知道如何正确使用自己力量的人的力量,千方百计使他们屈从于他们逃避、反抗的"超越个人的制度"。

自古以来,捍卫秩序和同情,总是在穷人形象的社会构建中相互交融。穷人是指那些吃不饱、穿不暖的人,他们达不到同时代同区域的正常标准,但他们首先是"不符合规范"的人。只有符合规范才能达到那些正常标准。

失去位置的穷人

迄今所知的每个社会都有穷人。这并不奇怪，让我重复一遍，因为强加任何秩序模式都会造成分裂，并把社会的某个群体定性为不合适、不正常。当某种特定的人存于世的模式被提升到规范的地位，其他的选项就会被降格到低于标准或不正常的范畴。穷人正是这种"不合适"和"不正常"的典型和原型。

每一个已知的社会都对穷人持一种特有的矛盾态度，一方面是恐惧和反感，另一方面是怜悯和同情。这两种成分都不可或缺。前者允许在需要秩序维护的时候对穷人进行严厉的处理；后者强调了那些达不到标准的人的悲惨命运，由此让正常生活的人在遵守社会规范时遭遇的所有艰辛都变得微不足道。可以看到，以这种间接、迂回的方式，穷人还是能够在社会秩序的再生产和保障社会规范有效运作的努力中发挥有益的作用。

每个社会都根据自己特定的秩序和规范模式，塑造出不同的穷人形象，对穷人的存在作出不同的解释，为他们找到不同的价值，并制定不同的解决贫困问题的战略。

在挖掘穷人的价值方面，前现代的欧洲比现代做得更好。那时的穷人和其他所有人一样都是上帝的子民，是"神圣的存在之链"中不可缺少的一环。作为上帝造物的一部分，他们的存在本身就充满了意义和目的。穷人确实受苦，但他们的苦难是对原罪的忏悔，是得到救赎的保证。那些更幸运的人可以帮助、救济这些穷人，并在这个过程中获得自己的救赎。因此，穷人的存在是上帝的礼物：一个实践自我牺牲、施行善举、忏悔罪孽、获得救赎的机会。可以说，一个依靠来世寻求尘世生活的意义的社会，如果没有穷人的存在，就需要另外寻找一种救赎的手段。

褪去宗教光环的世界里，没有什么可以仅仅因为存在而享有权利，所有事物都必须展示出合法、合理的证据证明自己可以享有权利。最重要的是，与前现代的欧洲相比，这个现代性的美丽新世界有自己的规则，没有什么是理所当然的，它把现存的一切都置于尖锐的理性审视之下，认为没有什么可以限制它的权威。这个世界拒绝"逝者凌驾于生者的力量"，拒绝传统、传承或习俗的权威。秩序和规范取代了神圣的存在之链的构想。与后者不同,秩序和规范是人类的产物,是有待人们通过行动实施的设计——它们尚未建造完成,它们并非人们找到并安然遵守的东西。如果遗留下来的现实与规划好的秩序格格不入,那现实就是错的。

于是,穷人的存在成为一个问题。"问题"是一个引起人们不适的东西,会引发解决、补救或消除它的冲动。穷人是秩序的障碍和威胁,也违背了规范。

穷人是双重危险。一方面,既然他们的贫穷不再是天意的裁决,那么他们就没有理由谦卑恭顺地接受自己的命运,而是有各种理由抱怨和反抗那些更幸运的人,指责他们造成了自己的贫穷。另一方面,古老的基督教慈善思想现在看来是一种不可容忍的负担,是无意义的财富消耗。把财富分享给那些得不到命运眷顾的人,曾经是一种对于来世的明智投资,但它"缺乏理性",当然也就不符合现世的社会逻辑。

很快,第三种危险出现了:那些温顺接受神的旨意不再努力摆脱苦难的穷人,根本不愿从事工厂的工作,一旦他们习惯并视为"天然"的微薄需求得到了满足,就不愿再出卖自己的劳动。初期的工业社会常常困扰于劳动力短缺,那些甘于现状的穷人是工业时代企业家的噩梦:他们对稳定的工资不感兴趣,一旦有了足以度日的面包,就不愿意继续忍受长时间的苦役。这确实是一个恶性循环:穷人反抗他们遭受的苦难导致叛乱和革命,穷人妥协于他们悲惨的命运遏制和阻碍工业企业的进步。①强迫穷人在工厂长期劳作似乎是解决这种循环的一种有效方法。

因此,工业时代的穷人被重新定义为劳动力后备军。就业,稳定的就业、毋庸置疑的就业成为一种规范,失业与贫困画上等号——这是一种不符合规范的行为、一种不正常的状态。既然如此,为了消除贫困,把繁荣的威胁消灭在萌芽状态,显而易见的方法就是诱导穷人去工厂工作,并在必要时强迫他们接受自己的命运。实现这个目标最明显的方法,当然是剥夺穷人的所有其他生活来源:接受条件,无论这些条件多么苛刻,无论这些条件多么令人深恶痛绝,它们都是最后的救命稻草。严格地说,在这种"别无选择"的情况下,道德义务的说教是多余的,把穷人带到工厂车间的并非他们的道德冲动。即使如此,人们还是普遍认为工作伦理是一剂良药,甚至不可或缺,可以一石三鸟地解决贫困、劳动力不足和革命的威胁,能够成为撒在苦涩

① G. Himmelfarb(1984) *The Idea of Poverty*：*England in the Early Industrial Age*. London：Faber & Faber，pp.25，79 ff.，193.

糕点表面的糖霜。把枯燥无味的工作提升到崇高的道德责任，或许能够让从事这些工作的人甘之如饴，并迎合那些提供工作的人的道德良知。事实上，当时的中产阶级已经接受了工作伦理，习惯了以工作伦理的角度重新审视自己的生活。由此，选择工作伦理作为工具也就是自然而然的。

　　当时的观点分为两派，有些人视穷人为洪水猛兽，另一些人则以道德、良知、同情心为指引。然而，在工作伦理这个问题上，他们达成了完全一致。一方面，约翰·洛克（John Locke）制定了一个全面的方案以消除穷人与生俱来的"放纵"和"懒惰"：把穷人的孩子关在贫民学校里培训他们从事正规的工作，把他们的父母关在工棚里严加管教，用微薄的收入、强迫劳动和体罚约束他们。另一方面，哀叹穷人"悲惨、可怜、不幸、软弱、无用"的约西亚·柴尔德（Josiah Child），也认为"置穷人于工作"①是"人对上帝和自然的责任"。

　　"置穷人于工作"是"人对上帝的责任"这则观念迂回地暗示了，把穷人限制在贫穷状态是一种道德要求。

①　"置穷人于工作"（setting the poor to work），是一个双关语，可以理解为"安置穷人于工作"，也可以理解为"把穷人束缚在工作岗位上"。——译者注

人们普遍认为，穷人往往安于现状，不会为了更多利益而拼命工作，所以他们的工资必须保持在满足生存的最低水平。这样一来，即使有了工作，穷人也只能勉强糊口，就会为了生存而保持忙碌。用阿瑟·杨格（Arthur Young）的话说，"只要不是白痴，所有人都知道底层阶级必须保持贫穷，否则他们永远不会勤奋"。学识渊博的经济学家忙不迭地立即证明，当工资保持在低水平的时候，"穷人会做更多的工作，实际上生活得更好"，而他们领取高工资时，他们就迷失于无所事事和聚众闹事。

　　杰里米·边沁是那个时代最伟大的改革家、智慧人物的代表。他的主张被同时代有识之士一致称赞为"卓越的理性，极具启发"。边沁得出结论：任何形式的经济诱导都达不到目的，要对付善变又愚蠢的穷人，赤裸裸的强制最为有效。他建议建造 500 间房屋，每间房屋容纳 2 000 个"累赘的穷人"，由专人全权负责，不间断地监视。按照这个方案，那些"人类的垃圾、糟粕"、没有明显生活来源的成人和儿童、乞丐、未婚母亲、不守规矩的学徒等，都应该被抓起来，关进这种强制劳动的场所，他们将在那里"变废为宝"。对于来自自由派的批评，边沁愤怒地回击："你们说这是侵犯自由,我的回复是:我们侵犯的是作恶的自由!"他认为,身处贫穷的事实就说明穷人并不比不守规矩的孩子更有资格获得自由。他们不能管理自己,只能被管理。

洛克、杨格和边沁等人揣着处女地探险家那样的勇敢和热情。他们关于穷人的哲学逐渐巩固了自己的地位并被广泛接受。在那之后,许多事情慢慢发生了变化。今天,很少有人会以同样傲慢的坦率冒险陈述这种哲学的原则,否则定然引起一片哗然。然而,这种哲学已经在很大程度影响了面向穷人(如果失去援助,他们就无法生存)的公共政策。如今,在反对"寄生虫""骗子"和"救济金蛀虫"的每一次运动中,在反复强调的提高工资可能导致"失去工作"的告诫中,我们都能听到它们的有力回响。这种哲学的影响最强烈地体现在,尽管存在大量的反面证据,人们还是顽固地认为废除普遍的以工代赈是造成贫困的首要原因,解决贫困问题应当着力于引导失业者重返劳动力市场。若用通俗的话来表述公共政策,那就是:只有作为商品的劳动才能换取同样商品化的生活资料。

于是,形成了这样的表象:今天的穷人保留着工业化时代初期赋予他们的职能——劳动力后备军。这种定位引发了对"未服役者"操守的怀疑,并清晰指向"带他们归队"的方法,以恢复因逃避服役而破坏的秩序。然而,问题在于,曾经用于把握和阐述工业时代初期现实的哲学,已经迷失在工业时代末期的现实之中。这种哲学曾致力于建立新秩序,却慢慢地变成了烟幕,掩盖了穷人前所未有的新困境。把穷人塑造成"劳动力后备军"的工作伦理,在诞生时是一种启示,在死后却变成了一种掩饰。

把穷人培养成未来的劳动者,曾经在经济和政治上都很有意义。它促进了以工业为基础的经济的发展,很好地完成了"社会整合"的任务——秩序维护和规范管理。然而,在"后现代"的消费者社会,这两种意义都不成立了。现在的经济不再需要大量的劳动力,它已经学会了在减少劳动力及成本的同时增加利润和产出。同时,对规范和"社会纪律"的服从,主要是通过商品市场的吸引力来保证,而非通过国家管理的强制力和圆形监狱网络管理之下的训练来保证。在经济和政治上,后现代的消费者社会无需把大部分社会成员卷入工业劳动就能够茁壮成长。实际上,穷人不再是后备劳动力,工作伦理的呼吁越来越虚无缥缈,与当今的现实脱节。

当今社会主要把其成员看作消费者,其次才部分地将其成员看作生产者。想符合社会规范,成为一个合格的社会成员,就需要对消费市场的诱惑作出及时有效的反应,需要为"清空供给"作出贡献,需要在经济环境出现问题时,积极参与"消费者主导的复苏"。穷人没有体面的收入,没有信用卡和美好前景,他们达不到要求。今天穷人打破的社会规范——使他们"不正常"的规范,是消费能力规范而非就业规范。今天的穷人是"非消费者",而非"失业者"。他们首先被定义为有缺陷的消费者,因为他们没有履行最重要的社会责任——积极有效地购买市场提供的商品和服务。消费者社会的资产负债表中,穷人明显是负债,无论如何也不能把他们记入现在或未来的资产。

因此,有史以来第一次,穷人成了彻底的麻烦。他们没有任何价值可以缓释或抵消自己的罪恶,也没有任何东西可以回报纳税人的支出。他们是一项糟糕的投资,永远不可能收回成本,更不用说带来收益。他们就像一个黑洞,吸入任何靠近的东西,吐出的只有麻烦。体面、正常的社会成员,那些消费者,他们对穷人没有任何要求,也没有任何期待。穷人是完全没价值的,没有人(真正有身份、有话语权的人)需要他们。对穷人应该零容忍,没有他们的世界会变得更加美好。

没有人需要他们，所以他们最好不存在。他们可以被无情地抛弃，没有人会因此懊悔或内疚。

没有位置，没有道德义务

在消费者构成的世界里没有福利国家的空间。这个工业社会的遗留看上去就是一个"保姆国家"，宠爱懒惰的人，溺爱邪恶的人，教唆堕落的人。

有观点认为，福利国家是穷人和底层人士来之不易的胜利。如果确实是穷人的斗争迫使卑斯麦、劳埃德·乔治（Lloyd George）和贝弗里奇这么做的话，那只是因为穷人还有很多"讨价还价的资本"——他们还有重要的价值，对生产者社会仍有不可取代的作用。除此之外，福利国家是把劳动力再商品化的手段，使劳动力达到能够售卖的水平，并在劳动力需求重新回升时将其推向交易市场。国家承担了这个重任，因为资本家不愿意也无法负担这种再商品化的成本（无论是单独负担，还是联合起来）。考虑到工业就业在政治上和经济上的双重作用，福利国家能使闲散的人重新工作，在这个环境中，它是一项明智的、有利可图的投资。然而，时过境迁，现在它越来越像是一个错误的理念，在无端浪费纳税人的钱。

由此,福利国家的全面衰退也就不足为奇。只有极少数国家的福利体系还完好无损,或者说去福利国家的进程较为缓慢。这些国家受到当下主流经济体的指责和嘲笑,认为它们轻率、守旧。它们也受到经济学家和世界银行的警告,比如,挪威就多次被警告"经济即将过热",可能引发其他新的危机。苏联解体后,那些东欧、中欧的原社会主义国家也被明确告知,脱离过去遗留的社会保障机制是获得外国援助的必要条件,也是被承认为"自由国家"的必要条件。当前摆放在政府面前的选择,要么是欧洲式高速上升的失业率,要么是美国式快速下降的底层阶级收入,但这两者并没有多大区别。

美国引领着世界去福利化的浪潮。过去的 20 年里,美国收入最低 20% 家庭的总收入下降了 21%,而收入最高 20% 家庭的总收入则上升了 22%。[1]劫贫济富的收入再分配以不可阻挡的速度进行着。最近得到了四分之三国会议员热情支持的大幅削减福利支出,用比尔·克林顿的话说,是"终结众所周知的福利国

---

[1] 参见兰德公司经济学家林恩·卡洛伊(Lynn Karoly),引自 *International Herald Tribune*,30-31 March 1996。

家"。这使得贫困儿童的人数从 2006 年的 200 万增加到 500 万,被剥夺所有社会援助的老弱病残人数成倍增加。卢克·华康德认为,美国社会政策的目的不再是消除贫穷,而是缩小穷人(官方认定的有资格接受援助的人)的数量:"这种细微的差别很重要,就像昔日一个好的印第安人是一个死的印第安人那样,今天'好的穷人'是隐形的穷人,他们不造成负担,没有任何要求。简而言之,就像不存在一样"①。

可以想象,如果穷人试图捍卫福利体系的残存,他们很快就会发现自己没有谈判的筹码,无法传达自己的声音,更不可能给对手造成威胁。他们尤其没有任何能力来打动社会上的普通公民。大众受到了政客的蛊惑,他们被劝说不要因为内心的冲动投票,而要根据自己的利益投票。

不过,这个假设很难得到验证。穷人似乎并不关心自己的困境,即使他们关心,也没有任何实际证据表明他们的愤怒和付诸行动的决心。他们的苦难无疑像所有时代穷人遭受的苦难一样,但与他们的父辈不同,他们没有试图把自己的苦难重新变成社会关注的

---

① L. Wacquant(1996) Quand le président Clinton "réforme" la pauvreté, *Le Monde Diplomatique*, September.

问题，或者这种尝试已经失败。沙维尔·埃马努埃利
(Xavier Emmanuelli)①最近解释了穷人这种令人震惊
的平静：

> 显然，尽管工业化国家的经济增长势头强劲，
> 但过去遗留下来的、代代相传的贫困现象仍然存
> 在……而且，在我们这个史无前例快速变化的时
> 代，一个新的现象出现了。

> 失业，失去收入，丧亲，离婚，分居，离别，不幸
> 的命运交织累积，使个人和家庭陷入穷困潦倒的
> 境地，不得不露宿街头。穷人被隔离在社会交互
> 和交易的网络之外，这一系列的排斥造成的结果
> 是，他们失去了参考标准，无法规划未来。

大规模"放松管制"的时代，政府从规范管理中逐
渐撤离，秩序的建设仍在继续（而且速度还在加快），但
政治权利所倡导的秩序和规范的整体愿景却不见了。
社会的每一个单位，无论大小，都在努力（至少是被推
动着）把自己的小部门或社会相互依存的复杂网络的

① X. Emmanuelli(1997) La maladie du lien, *Le Monde*, 15 April.

一部分塑造成社会希望的模样——这种无处不在的"再造"产生的"废弃人口"被驱逐到一个无人负责、无人监护的虚空地带。这个新的"无人区"中,被驱逐的人或过剩的人被遗弃在法律和道德义务的领域之外。皮埃尔·布尔迪厄(Pierre Bourdieu)指出,为了应对未来的挑战,人们首先需要把握现在,但新穷人显然对此无能为力:

> 临时雇用制深刻影响了饱受其苦的人,通过把人们的未来变得更不确定,它制止了所有的理性预期,尤其熄灭了人们对未来的基本信念和希望。然而,人们需要这种信念和希望来反抗(特别是集体反抗)目前这个最无法容忍的现状。[①]

这就是为什么现在那些"被驱逐者"没有要求,也没有计划,不重视自己的权利,也不履行自己作为人、作为公民的义务。既然他们在别人眼里如同不存在,逐渐地,他们在自己眼里也不复存在。

如今,穷人的苦难不再能汇聚成一项共同的事业。

---

① Pierre Bourdieu(1995)*Acts of Resistance*,trans. by Richard Nice. Cambridge:Polity Press,p.82.

每一个有缺陷的消费者都在孤独中舔舐自己的伤口，最多只能与他们尚未破碎的家庭为伴，与同样没有资源的朋友为伴。有缺陷的消费者是孤独的，感觉自己被抛弃，一旦他们长期处于孤独状态，他们就真的变成了独行者。他们不知道社会能帮上什么忙，也不期望能获得帮助，他们只能指望通过彩票来改变自己的命运。

他们不被需要，被社会抛弃。那么，哪里才是他们的归宿？最简短的答案是，消失不见。首先，要把穷人从消费者的美丽新世界赶走，把他们从街道赶走，从公共场所赶走。如果他们碰巧是新来的，证件都不齐全，那就再好不过，可以把他们驱逐出境，从而把他们从社会的义务中完全驱逐出去。如果找不到驱逐出境的借口，他们仍可能被流放到遥远的监狱或集中营，最好在亚利桑那州的沙漠里，在远离航线的落锚船上，或在高科技、全自动化的牢狱中——在那里，他们见不到任何人，即使是狱警也不可能经常和他们见面。

为了使物理隔离万无一失，人们还可以用精神隔离加强效果，把穷人从道德同情的世界中彻底驱逐出去。在把穷人驱逐出街头的同时，还可以把他们驱逐出整个人类社会，驱逐出道德责任的世界。这是通过改写故事实现的：把剥夺的故事改写为自甘堕落的故事。穷人可以作为"嫌疑惯犯"，一旦日常秩序中出现问题，他们就成为公众追捕的对象。穷人被描绘为懒散、罪恶、缺乏道德标准的人。媒体与警方欣然合作，向追求耸人听闻的公众展示犯罪、毒品、滥交等"犯罪分子"的丑陋画面，而穷街陋巷正是他们的栖身之所。于是，贫困问题首先是（也许仅仅是）法律和秩序问题，人们应该以应对其他违法行为的方法来对待贫困问题。

脱离了社会群体，脱离了公众关注，我们知道接下来会发生什么。人们总会有强烈的冲动，去摆脱那些纯粹的麻烦，就像擦拭美丽风景中的污斑，或是抹去有序世界、正常社会之画布上的污点。阿兰·芬基尔克劳特（Alain Finkielkraut）在他最近的著作中提醒我们，当道德考量被彻底压制，同情心消亡，道德的障碍被拆除时，可能会发生什么？

　　　　纳粹的暴行并非因为喜欢暴行，而是因为责任；并非为了施虐，而是为了美德；并非基于快感，而是基于方法；并非肆无忌惮、释放野性的冲动，而是以优秀的价值观为名，以专业的能力持之以恒地完成面前的任务。①

容我补充一下，这种暴力是在人们的沉默中实施的。人们自认为是正直的、有道德的，却认为那些暴力的受害者没有理由成为自己同情的对象，因为他们早被踢出了人类大家庭。用格雷戈里·贝特森（Gregory Bateson）的话说，一旦道德共同体的消亡与解决棘手问题的先进技术相结合，"你的生存机会几乎为零"②。解决麻烦的理性方案，辅之以道德上的冷漠，造就一件爆炸性混合物。很多人会死于这场爆炸，而最醒目的牺牲品是躲过这场劫难的幸存者的人性。

我们没有站在那里——尚未站在那里，但凶兆已经显现。我们别把它当作又一个末日预言，在经受检验之前就早早忘却，以免未来不得不一次次反思今天，为没有留意到的征兆而遗憾。幸运的是，人类的历史上到处都是未能成为现实的不祥预言。但是，因为缺少警告或对警告不以为然，历史中也发生了很多

---

① A. Finkielkraut（1996）*L'Humanité perdue：Essai sur le XXᵉ sièecle*. Paris：Seuil.

② G. Bateson（1973）*Steps to an Ecology of Mind*. Palladin Books，pp.436-437.

最令人发指的罪行。现在和过去一样，选择权在我们手中。

工作伦理，还是生活道德

现在，这里有一个选择。尽管人们希望隐匿自己的人类本性，假设选择就像空气一样具有不证自明的必要性，但大多数人仍把当下趋势之外的其他选择视为"不切实际"，甚至"违背事物的本质"。想象另一种共存方式并不是我们这个世界的强项，我们所处的世界是私有化的乌托邦，时时都在计算着得失，危机意识取代了政治愿景。我们这个世界没有能力凝聚必要的意志和决心，去实践一个完全不一样的世界。"不切实际"这种不屑一顾的态度，在当前的政治冲突中比比皆是，正是缺乏意志和决心的真实写照。

柯奈留斯·卡斯托里亚蒂斯最近指出，西方世界的危机"恰恰在于不再质疑自己"[1]。然而，"质疑自己"正是西方世界追求令人惊讶的、史无前例的自我完善的最深层秘密，也是西方世界成功追求最雄心勃勃

① C. Castoriadis（1996）*La montée de l'insignificance*. Paris：Seuil，p.64.

目标的最深层秘密。质疑自己是可行的,事实上是必不可少的,因为我们所有的规划都建立于主观之上,并且注定只能是主观的。既然是主观的,它们当然可以被其他规划取代,只要这种替换有足够的说服力。不过,现在情况已经不是这样,我们往往忘记了"把人视作物体或纯粹的机械系统,这种臆想不亚于声称他是一只猫头鹰"。一旦忘记这点,我们就不再追问那些推动社会不断前进的问题。比如:"一切都以有效性优先,但对谁有效? 基于什么? 目的是什么? 经济增长是实现了,但这是什么的增长? 为谁而增长? 付出了什么代价? 达到了什么目的?"

如果不提出这样的问题,就无法阻碍我们把臆造出的、持续不断的、更愿意看到的、无限制的合理化(导致人被"为了主观目的而主观选取的部分特征的集合"替代)抬升到客观必然的高度,就无法阻碍把所有的怀疑都归为"诗人和小说家等不切实际的人"[1]特有的无病呻吟。

克劳斯·奥费最近提出一个合乎逻辑又有生命力的主张,意在彻底解决目前的危机。这个解决方案的

---

[1] C. Castoriadis (1987) *The Imaginary Institution of Society*, trans. K. Blamey. Cambridge: Polity Press, pp.157-160.

核心是"个人收入权利和实际收入能力脱钩"①的构想。这是可以实现的,只需要改变一个视角,即从工作伦理决定的以雇佣劳动为中心,转变为人的地位和尊严决定的以基本权利、基本保障为中心。通过以税收为社会保障提供资金且废除经济审查和工作意愿评估的原则,通过逐步以需求原则取代等价原则,通过个人作为权利基础的原则,这种构想就能够切实推进。按照这些原则对社会保障制度进行改造,就有可能把自由、平等、公正的福利国家价值观延续到资本主义福利国家目前所处的发展阶段(在这个阶段,充分就业的目标早已退出理想和现实的视野)。

奥费的建议似乎很模糊,因为正如之前所说,我们越来越失去了对世界质疑的能力。当所有依靠选举的政治力量都在奔向相反的方向,把疾病的症状看作康复的迹象,把疾病的原因看作良药,这些建议不可能引起任何关注。出于政治私利和选举收益,似乎所有重量级的、有组织的政党都倾向于忽略奥费的观点。不过,如果被公开追问,"负责任的政治家"很可能会以预

---

① C. Offe (1996) *Modernity and the State*:*East*,*West*. Cambridge:Polity Press,pp.210 ff.

算难以负担或政治、经济上"不现实"为由，否定实施基本保障的可能性，从而掩盖应该被质疑的现实主义：当下流行的危机管理权宜之计。

然而，正如奥费自己所说，他的建议归根结底是保守的。它们建议的不是革命，而是在既有体制无法继续贯彻西方文明道德价值和社会安排的情况下，保存这些道德价值和社会安排。正因为这些建议的保守用意，举证的责任落在了反对者的身上。要么他们终结战后的社会道德共识，要么他们必须表明，从长远来看，他们的诉求可以通过基本收入之外的手段得到满足——这并不现实。

奥费似乎低估了反对者的抵抗力，他忽视了消费者社会提供给反对者的一种现实可能性：不顾一切"终结道德和社会共识"。奥费的诘问呈现了一个现实的两难困境。无论作出正确选择的机会有多大，这个选择都像奥费描述的那样真实存在。通过否认存在选择以拒绝认真考量，将造成不可估量的社会和道德后果。

无论奥费的假设多么激进，仍然需要补充另一个假设：工作和劳动力市场的去耦。梅利莎·本（Melissa Benn）最近指出："当男性政治家谈论工作时，他们所指

的总是有偿工作。"①这并不完全正确，因为不论男性
政治家，还是女性政治家，他们在谈论工作时想到的都
是"有偿工作"。即使存在女性参与者，政治大体上仍
然是男人的事业。真实情况是，把工作等同于有偿工
作在历史上是男人的成就。马克斯·韦伯早就指出，
他们把自己的事业从家庭中分离出来。在这种情况
下，他们让女人去从事其他所有必需的生活家务。由
于这些工作看不到经济收益，所以就不再被看作是
工作。

　　以这种形式，工作的观念进入政治，在那里成为男
性独占的竞技场——工会权利和劳动立法的竞技
场——当中的竞技对象。这样一来，"工作"就仅等价
于商业活动领域的工作，即那些可以买卖，具有公认的
市场价值，可以获得报酬的工作。所有工作领域之外
的事都扔给了女性。当人们谈论工作时，不会想到家
务或抚养孩子，这两者明显属于女性领域；更普遍的
是，人们也不会意识到在日复一日运转的 A.H.哈尔西
（A.H.Halsey）和迈克尔·杨格（Michael Young）所谓

---

① M. Benn（1997）Yes，but is there a philosophy to welfare-to-work?
Guardian，2 June.

"道德经济"①中部署的大量社会技能和花费的无数时间。这种无人质疑的歧视和工作伦理同流合污,认为劳动力市场之外不以交易为目的的劳动,都意味着失业,等同于没有工作。颇为讽刺的是,只有高级政客才能在退隐后公开宣布,他们准备享受时光,"花更多时间陪伴家人"。

在很多方面,后果都是灾难性的。它们极大地推动了社区和邻里关系的无情瓦解,毕竟"社会凝聚力"的维系需要消耗大量的时间、付出大量的努力。总体来说,这对家庭结构和家庭活力造成了深远的伤害。它们严重侵蚀了人际关系网络和人与人之间道德联系扎根的土壤。总而言之,它们已经且持续对生活质量(较难与"生活水平"区分开来,但它们是完全不同的概念)造成了很大的损害。这种损害是任何市场的商品、任何消费能力的增长和任何心理咨询都无法弥合的。

为了把工作从以市场为中心的计算和限制中解放出来,就必须以工艺伦理(ethics of workmanship)取代

---

① 道德经济(moral economy)这个词最早由爱德华·汤普森(Edward Palmer Thompson)在其著作《十八世纪英国民众的道德经济》(*The Moral Economy of the English Crowd in the Eighteenth Century*)中提出,但在 200 年的历史跨度中显示了多样性的含义。在这里,可以简单地理解为一种基于美德、公平、公正的经济。

劳动力市场发展过程中形成的工作伦理。托斯丹·凡勃伦早就指明，"工艺本能"有别于工作伦理这个现代发明，是人类的自然倾向。人是具有创造力的生物。如果认为标价牌是区分工作与非工作、努力与懒惰的标准，那是对人类本性的贬低；如果认为没有收益，人们宁愿闲着，让自己的技能和想象力腐烂生锈，那是对人类本性的肢解。工艺伦理将恢复人类本能的尊严，恢复社会公认的意义。现代资本主义社会形成且根深蒂固的工作伦理却否认了这种尊严和意义。

我们不是第一次站在历史的十字路口，需要选择走向何方。首先，至关重要但并不那么显而易见的是，需要认识到我们身处十字路口，认识到有多个选择都可以通向未来，认识到前行的路上或许随时需要紧急转换方向。

人们很容易对"收入权利与收入能力脱钩，工作与劳动力市场脱钩"这个想法不以为然，认为这是被蔑称为"乌托邦坟场"的历史中的又一个乌托邦。我们的时代是"个体乌托邦"的时代，是私有化乌托邦的时代，因此，人们自然而然地（流行地）嘲笑和讥讽这种构想，因为它们只是"集体任凭个人使用"理念的小小修订。

因此，奥费的观点引出的思想，在严肃又现实的学者看来或许不值得思考。他们这样做有充分的理由。正如罗歇-波尔·德鲁瓦(Roger-Pol Droit)最近说的，"现实如同鸡蛋一般饱满，让人几乎无法摆脱它的约束。我们相信它们是永恒的，直到它们被历史抹去"①。他接着指出，在伯里克利的希腊或恺撒的罗马，没有奴隶的世界是不可想象的，在波舒哀(Bossuet)的时代，非君主制的世界也是不可想象的。因此，我们怎么能肯定，不被市场奴役的经济是不现实的？不平等的加剧是无法阻止的？德鲁瓦的结论是："我们的时代并未阻止乌托邦的脚步，反而为其回归做好了准备。我们越是复述政治没有梦想的空间，就越是渴望一个完全不同的世界。"保罗·利科(Paul Ricoeur)肯定会同意：正是他在十年前提出，在我们这个被看似无形的体系阻隔的时代，乌托邦成为我们对抗封闭的主要武器②。最近，费尔南多·艾因萨(Fernando Ainsa)在完成关于拉丁美洲历史的研究后建议，与其说"乌托邦"，一个根本不存在的地方，不如说"泛托邦"(pan-topia)，无处不在之地。③

---

① R. P. Droit(1997) L'utopie est dans les étages, *Le Monde*, 18 July.

② 参见 P. Ricoeur(1997) *L'idéologie et l'utopie*. Paris：Seuil。

③ 参见 F. Ainsa(1997) *La Reconstruction de l'utopie*. UNESCO。

收入权利与收入能力脱钩的想法绝不是保守的。根据我们的推论，实现它恰恰需要一个非常大的转变。我们将不得不放弃目前生活模式中一些神圣不可侵犯的假设（由于缺少反思，它们显得更加神圣）。例如，效率是一件好事，无论它目的何在，也无论它是否会带来痛苦的副作用。再例如，凡是"经济增长"的东西，即统计意义上"今天比昨天多，明天比今天多"的东西，就是好的，而无视其增长过程中对人类生存环境和自然（全人类共享的生存环境）造成的损害。

对那些因为需要作出巨大的转变而反对的人，我们只能再次引用科尼利厄斯的话来回答。当一个采访者问他："那么，你想要什么？改变人类吗？"，卡斯托利亚蒂斯回答说："不，没有那么夸张：我希望人类改变，正像他们已经改变过两三次那样。"①

至少现在还有希望，人类能够再次完成同样的壮举。毕竟，正如帕特里克·库里（Patrick Curry）所言，"群体自愿的返璞归真，正成为群体贫困的唯一有意义的替代。"②

---

① C. Castoriadis(1990) *Le monde morcelé*. Paris：Seuil，p.100.

② P. Curry(1997) *Defending Middle-Earth*. Edinburgh：Floris Books，p.51.

图书在版编目(CIP)数据

工作、消费主义和新穷人 / (英)齐格蒙特·鲍曼著;
郭楠译 .— 上海 : 上海社会科学院出版社,2023
书名原文 : Work,Consumerism and the New Poor
ISBN 978 - 7 - 5520 - 4213 - 9

Ⅰ. ①工… Ⅱ. ①齐… ②郭… Ⅲ. ①社会学—研究
Ⅳ. ①C91

中国国家版本馆 CIP 数据核字(2023)第 154318 号

Work, Consumerism and the New Poor by Zygmunt Bauman
Copyright © The Zygmunt Bauman Estate
Simplified Chinese Edition Copyright © 2023 by Shanghai
Academy of Social Sciences Press
All Rights Reserved
上海市版权局著作权合同登记号:图字 09 - 2020 - 897

工作、消费主义和新穷人

著　　者:[英]齐格蒙特·鲍曼
译　　者:郭　楠
校　　译:姚晨辉　张久青
责任编辑:应韶荃
封面设计:璞茜设计
出版发行:上海社会科学院出版社
　　　　　上海顺昌路 622 号　邮编 200025
　　　　　电话总机 021 - 63315947　销售热线 021 - 53063735
　　　　　http : / / www. sassp. cn　E-mail : sassp@ sassp. cn
照　　排:南京理工出版信息技术有限公司
印　　刷:上海展强印刷有限公司
开　　本:787 毫米×1092 毫米　1/32
印　　张:7.375
字　　数:117 千
版　　次:2023 年 11 月第 1 版　2023 年 11 月第 1 次印刷

ISBN 978 - 7 - 5520 - 4213 - 9/C · 226　　　　　　定价:68.00 元

罗斯巴德重磅作品
美国政治经济史典藏之作
全景呈现美国大萧条前夜
揭开进步时代背后的秘密

扫码购书

《现代美国的起源》

The Progressive Era

[美] 默里·罗斯巴德 著
[美] 帕特里克·纽曼 整理汇编

粟志敏 陈玲 姚晨辉 蔡建娜 译

默里·罗斯巴德

(Murray N. Rothbard,1926—1995)

美国经济学家、历史学家、自然法理论家。著有《自由的伦理》《权力与市场》《美国大萧条》《银行的秘密》《为什么我们的钱变薄了》《美联储的起源》《人、经济与国家》等。

19世纪80年代到20世纪20年代，美国出现了许多社会、政治和经济的改革实践。这个时期被称为"进步时代"。进步时代是美国历史上最具重要意义的时期之一。当时，美国社会正经历从农业社会向工业社会的急剧变革，美国经济迅速发展，但也产生了大量的经济社会问题。传统历史学家认为，反垄断、环境保护、禁酒、妇女参政权、儿童保护、产品质量控制成为当时进步主义改革者的重要选择。

有别于传统的历史学家，罗斯巴德在本书中并非向读者详细描述进步时代。相反，他以大量史料为基础，对这个时代进行了革命性诠释，深入分析了当时政策选择背后的原因、推动群体。在罗斯巴德看来，进步主义带来了有组织种族主义的胜利，南部黑人被剥夺选举权，移民终止，联邦政府推动建设的大政府、大企业和大工会三方联盟，对军人形象和征兵的大肆赞美，以及美国的海外扩张。简而言之，进步时代启动了美国现代政治经济体系的形成。

努力上班的"新穷人"

袁长庚

消费意味着一种想象力,想象我应该以什么样的方式存在于生活世界。当消费的内容和方式成为标识"自我"的一个重要参照时,我们就看到了"消费主义"最惹眼的特征。

1. 无声息的绑架:赚钱是为了花钱

年轻人对消费主义的态度很矛盾。一方面,他们或多或少地知道现在消费对人的捆绑,以及这种捆绑背后的意义偏离;另一方面,他们似乎又觉得自己没有完全被消费绑架。

很多人会说,虽然我的很多快递到现在都还没拆箱,但是我自认为还算一个理性的消费者,更不觉得靠买东西能显示我的价值和身份。

公允一点说,很多年轻人确实没有对品牌或者时尚的太多迷恋,不少人都比较朴素。

但值得注意的恰恰是:当我们在人文社会科学当中提及对"消费主义"的反思和批评的时候,常常不是指那种一边跑一边任由春风掀起衣襟露出巨大 logo 的浮夸,也不是一个人刷爆十几张信用卡,不断地拆东墙补西墙。大多数已经脱离匮乏状态的人都不会那么赤裸地处理自己跟消费行为之间的关系。

在我们的视野当中,"消费主义"之所以成为一个问题,恰恰跟它的隐蔽、曲折有关系。比如,你对未来生活乃至人生理想状态的达成是不是可以转化为一系列购买行为的达成? 置什么样的房子,买什么样的汽车,喝什么样的咖啡,把孩子送去学马术还是编程,等等。

"消费主义"的特征不是疯狂,而是一种看似高度理性、自控的偏执。"我没有昏头,我知道我为什么在这里花钱"。"消费主义"是一种巨大的意识形态装置,它不断输出对于意义、价值的判断。更重要的是,它强调"购买"行为的唯一可行性。

也就是说,你想过什么样的生活,不管你做什么工作,最后要落脚在你的消费选择上。

在这样的前提下,"自我"的未来取决于一系列"比价",

只不过这里的"价"不仅仅是货币,还包括对象之上附着的一系列象征含义。

工作和消费之间的联系,用一句简单的话说就是:我们上班挣钱的目的不就是为了花钱吗?

所以,我们可以说,工作和消费常常形成一个闭环,工作的意义指向工作之外的消费,指向尚未达成但已成意愿的消费对象,后者又是我们每天顶着黑眼圈在办公室搬砖的动力之源。这个闭环构成了一个相对独立、自足的意义系统。

有时候,听见有人抱怨工作的不如意,旁人会宽慰说:"先把钱拿到手,其余的以后再说。"

劝说的人当然不会假定抱怨的人是老葛朗台那样的守财奴,只要看着账户里数字的上升就能产生巨大的满足感。这里的"钱"指向购买力,而购买力则意味着对人生的适应力和掌控力。我们把消费看作是抵御人生不确定性的一道保障;对这种保障的反复确认,实际上又映射着在人生不确定性的围堵之下既有意义体系的纷纷瓦解。

需要澄清的是,学界对消费主义的质疑既不是一种高高在上的道德抨击,也不是吃不到葡萄的扭曲。在上述困境当中,我们看到的是现代人的无奈,甚至是些许悲壮。

著名社会理论家齐格蒙·鲍曼写的《工作、消费主义和新穷人》引发了广泛讨论。2017 年，91 岁的鲍曼安详去世，留下了超过五十本著作，其中很多都与现代性有关。

《工作、消费主义和新穷人》不厚，却是鲍曼晚年很重要的一部作品。它的书名虽然包括"工作"，但客观地讲，鲍曼在这本书中把"工作"当成障眼法。他真正想说的，还是现代性问题，具体而言，是 20 世纪 80 年代以来全球范围内形成的现代性最新版本。

在学术上，可以称之为"新自由主义时代"。比如全球化的程度更深，福利国家的全面退场，全球资本流动所造成的产业重新配置。虽然鲍曼讨论问题的语境是西方社会，但是他所勾勒的景象，在某种意义上可以成为我们想象明天的范本，所以他的批评或许有助于我们摆脱一些迷思。

正如书名所示，这本书谈了三个方面的内容，"工作""消费主义"以及"新穷人"。鲍曼指出，在过去，"穷人"来自失业，但在今天，"新穷人"是指不合格的消费者。后者被视为消费者社会最大的问题，是附着在社会机体上的寄生虫。他们最主要的"罪状"并不是躺平，而是对经济增长没有贡献，因此成为新时代的"废弃人口"。

这种看法是怎样形成的？它给整个社会带来什么样的问题？我们该如何从反思这个问题出发，去讨论人类社会的未来走向？鲍曼真正想要处理的是一些很宏大的问题。

鲍曼提醒我们，现代性是人类文明进程中一种很奇怪的想象，它没有一个完成的标准。所谓"现代"，永远指向"过往"，只要有"现代"，就一定会生成相应的"过往"。

现代性就是不断地以"现代"之名对"过往"发起清算，曾经非常前卫的东西，假以时日都经不起这样的审视，沦为需要被革除的旧事物。马克思曾经说过，资本主义所塑造的现代性就是"一切坚固的东西都烟消云散了"。

2. 工作，螺丝钉的自我修养

现代人大多认可"工作"的必要性和意义感。从个体来说，不工作没有饭吃；从宏观看，不工作社会难以发展。我们或许会在潜意识里认为这是开天辟地以来的公理，历来如此。

但是鲍曼提醒我们，不对，这种戒律式的工作伦理实际上是现代性的特征。鲍曼强调，在现代性的工作戒律当中有两个方面很重要：第一，我们必须做"别人"认为有意义的工作，以此来换取报酬和承认；第二，工作的目的是尽可能地获取积累和增值，以便过上"更好的生活"。一个安于现状不思进取的人是可耻的。

将这两点综合起来看,现代性的工作戒律从根本上改变了手工时代人与工作的关系,一个人的工作不再是对他自己"有意义"的事情,工作的意义生成系统变成了一个外在的机制。

当第一批失去土地进入城市工厂的劳动力出现之后,人类的绝大多数工作都不再跟个体生命意义发生关系,你需要把自己"交出去"。

这样一种工作伦理,实际上不再强调人的特殊性,尤其是手工时代工匠或者劳动能手们在各自工作中所表现出的那种个体性和自由度。

我们今天喜欢说"匠人精神",提到这个词就会配上一个白发老者沉静地坐在工作台前手持工具恭恭敬敬的插图。这其实是对匠人的误解。

匠人当然包含着踏实认真,但更包含一个人对某种技艺的掌控、理解、再创造。真正的匠人往往很有"脾气",他跟自己手艺的关系很复杂,一方面尊重规律,另一方面又持续性地探索前人所未能抵达的地方。在前现代的工作状态下,个体对工作的理解和掌握是非常重要的。

所以著名的哲学家密尔曾经感慨,资本主义工厂里机器轰鸣,但是工人们正在失去精气神。他把这个归结为人的衰落,却没有意识到这是工作状态本身发生变化的结果。

在机器大生产时代,人被看作是没有灵魂的齿轮,而不是独特的劳动者。

以前我们听过一句话,叫"做革命的螺丝钉",其实深究起来,这与具体的政治主张没有关系,而是现代性本来就倡导的题中之义。事实上,现代性始终包含着一种改造"人"的冲动。哲学家边沁认为,现代社会的重要功能就是改造人,改造人在传统时代所累积下来的各种劣根性。

所以,鲍曼认为,现代社会存在着第二条生产线,这条生产线负责生产"工作的人"。鲍曼认同法国哲学家福柯的观点:现代社会的工作伦理渗透入家庭,从家庭"塑造"准备进入工作的人。

"要么工作,要么死亡""不劳动者不得食",我们不能把它简单地理解为干活换取工资,它是要你进入一套社会分工,把自己交付给社会,同时按照累积的原则为未来奋斗。

3. 消费,自我确认的手段

鲍曼把上面这个阶段看作是现代性的第一阶段,是一个"生产者社会",接下来进入的一个新阶段是"消费者社会"。这个转型的原因比较复杂,鲍曼介绍了一些政治经济方面的结构性问题。

其中,比较突出但鲍曼没有专门总结的一点是:现代性一方面要求人最好像齿轮一样,即插即用,随意调换;另一方面,现代性状态下的人,在失去了稳定的社会定位之后,迫切需要回答"我是谁"的问题。

所谓"社会定位"就是我们确定自己在社会网络中的位置,这个位置对于自我确认很重要。比如在乡村社会里,很多人不是他自己,而是"××他娘","××他爸"。"你是谁"这件事是由你在社会网络中的定位决定的。

大家设想一下,一个失去土地的农民,流浪到都市,进入工厂工作。在这个陌生的地方,亲族、地域、邻里都不再构成他表达"我是谁"这个问题的起点。现代性伴随着个体主义的兴起,而个体最重要的任务就是寻求"我是谁"的答案。所以现代性的个体是一个选择的个体,选择成为什么样的人。

"选择的人"就是消费者的最初模型。鲍曼提醒我们注意,大生产是集体性的,因此它很难提供个体性的答案,所以逐渐地,工作很难再定义我们的身份。在这个时候,消费出现了,消费提供无限多可以自由组合的选项,而且都建立在我们自己"选择"的基础上。

所以,在消费主义或者消费者时代,重要的不是消费,而是选择,我们坚信通过选择这个指向性非常明确的动作,可以凸显自我的个性,进而回答"我是谁"的问题。

消费地位的提升反过来又促成了"工作"的转变,人们对工作的评判也开始变成一个自我选择的美学问题。

按道理讲,工作没有贵贱,自己适合、愿意,就是合适的工作选择。但是如果用选择的标尺来看,好的工作应该远离生计所迫,应该强调带给工作者本身的"内在体验"。

一个在码头扛大包的人,能有什么选择呢? 他必须为吃饭干活。但是一个设计师,一个歌手,他们的工作好像跟天赋、跟个性有关,不是单纯为了混口饭吃,而且这些工作风光,每天都在"创造",每天都在"体验"不同的人生和不同的风景。

我们身上背负着双重枷锁:一方面需要有消费能力,用消费彰显个性;另一方面,虽然挣的都是钱,但是高下有别,如果是不体面的工作,挣钱也没用。

这是一个让人细思极恐的无解循环:首先,这个世界上只有少数"个性化"的工作是体面工作,能够获得不错的收入;其次,只有工作体面、收入体面的人才有可能通过消费掌握对生活美学的定义权,这种定义权又是标识"我"之特殊性的一种至关重要的意义来源。

这样一来,就好像是代入公式一样,我们能够得出的结论是：只有很少数的人可以靠工作建立自我定位，而大多数人在体面工作这扇门面前就失去了入场券。

徘徊在"酷工作"之外的人们只能徒劳地跟随花样无穷的消费游戏，因为消费游戏的规则是那些拥有"酷工作"的人定义的。

4. 新穷人，资本游戏中的淘汰者

所以，鲍曼所谓"新穷人"就是无法参与消费游戏的人，是没有能力进入"生产—消费"这个物质和文化意义双重循环系统的人。

2021年的奥斯卡把最佳影片、最佳导演和最佳女主角都颁发给了华裔导演赵婷的作品《无依之地》。这部根据非虚构作品改编的电影描写了2008年美国金融危机之后，被彻底抛入无所依靠境地的美国流民群体。"无依之地"的英文是"nomadland"，字面意思是游牧之地。

巧合的是，鲍曼在他的书中也提到了"游牧"。在赵婷的电影文本中，"游牧"指代的是底层群体的无家可依，但是在鲍曼看来，真正御风而行、四海为家、无拘无束的其实是潇洒的"资本"。资本在全球范围内逐利而居，什么地方可以实现更高的利润，它们就迁移到什么地方。

资本是真正的"全球公民",它们忽而看重越南胡志明市的劳动力储备,忽而拉着行李箱奔赴经济形势向好的卢旺达。资本的这种"灵活"所造就的结果,是让全球大多数劳动力陷入一种本质意义上的不确定性。

曾经,一家企业在某地发展,可以成为造就地方几代人生活福祉的力量。但是现在,对不起,十年太久,甚至五年都太久,它随时在测算利润率,一旦稍有不如意就抛弃地方和人群。

资本只需要对利润负责,不会顾及人的长久和稳定。所以,一旦资本离场,我们就会目睹大量的人陷入无依之地。地方一旦失去了自己的造血机制,会迅速朽坏。电影里的流民,只是其中最为极端的状况。

鲍曼敏锐地指出,我们现下所持有的一种观点,是不再把劳动力看成是良性生产要素。"人"成为一种随时可能变成累赘的东西。

以前我们把失去工作叫作"失业",言下之意是暂时失去生计,但是现在,我们在描述经济问题的评论中,常常可以读到学者以赞赏的态度谈及企业通过裁员的方式排出"过剩"的人力。这些人也许劳动技能并不差,秉性也都是良善公民,但是在效率的标尺之下,他们统统是"剩余"。

相信大多数在阅读这篇文章的人，还没有坠入赵婷镜头下的那种境地，但是我们在各行各业都随时有可能成为"剩余"。

在很大程度上说，你是否成为"剩余"，并不取决于你的工作质量，而是被所谓利润曲线所支配。一个单亲妈妈、一个酗酒者、一个从墨西哥偷渡来的打黑工的移民，他们之间或许经历迥异，但是一旦被作为"剩余"排出，他们就是同一类人，一种"废弃物"。

美国社会学家马修·德斯蒙德写过一本非常精彩的书《扫地出门》。他关注的是美国的住房问题，尤其是那些因为难以缴纳房租而不断地被驱逐，为了头顶一片瓦而疲于奔命的人。

在书里，德斯蒙德提出了一个非常重要的看法：很多人陷入住房问题的恶性循环，都源于一次或两次短暂的人生困顿。这些困顿其实并不是什么了不起的事情，却因为没有相应的制度支持而不断恶化。通俗地说，这些人如果当时有办法喘口气，或许就可以回到正轨，但是他们没有这样的机会。

很多美国人认为这些拖家带口四处求人，只为一小块容身之地的人对自己不负责任。然而，其实他们跟我们一样，只是因为偶尔的不走运与结构性的困境叠加在一起，变得万劫不复。

鲍曼对此有同样的发现。他在书中细致地介绍了西方"福利国家"制度的瓦解。所谓"福利国家"可以理解为一种兜底机制。福利国家的政策有很多,但它的基本假设是,当国民陷入困境时,帮助他们托住生活,不让他们继续坠落,他们就有重新回到工作的可能。

在这里,福利国家仍然尊重现代性工作伦理的要求,既然工作非常重要,那么国家的义务就是保持人们找到稳定工作的可能。但是20世纪80年代以后,英美两国率先放弃了这种假设,其理论假设就是"点背不能怨社会"。我们所有人都是有独立选择能力的个体,你自己的人生失误当然要由自己买单,关国家什么事?

这样一种把人的困顿解读为"选择失误"的策略,成功地改写了现代性工作伦理的内核。

在现代性的第一个阶段,工作伦理的目的是让所有人都出去工作。但是到了第二个阶段,消费者社会,一个人的失业首先被理解为他的选择失误,进而可以怀疑他是不是天生好吃懒做。

工作伦理的内容没有变化,却变成了一种对内在道德品质的怀疑。在结构上处于弱势地位的群体不但要承受实际的后果,还被迫要证明自己的内在"属性"没有问题:"相信我,我并没有不想工作,我在努力找,在找……"

鲍曼在这本薄薄的小册子里谈论了与新穷人群体有关的诸多问题,一路延伸到对整个西方世界丧失自我反思能力的批评。身处中国,我们和鲍曼的语境之间存在一定差异,但是他所揭示的不稳定工作制度和消费游戏之间的关系,是值得我们引以为戒的。

或许有人会预想,对消费主义的批判,大概就是"断舍离"或"管理你的欲望"之类的陈词滥调,但是很显然,鲍曼的思考没有这么简单。

他仍然站在现代性反思的角度提醒我们:如果说在生产者时代,工作律令尚且以一种强迫而霸道的方式督促我们出去搬砖,那么到了消费者时代,工作律令引申出一种更加无理的判断模式,它一方面仍然强调"为他人工作"的不可避免,另一方面却贬低大量基础工作,认为身处其中的工作者廉价、低效,随时可以被替代。

在引入"消费"这个更难以捉摸的游戏规则之后,我们一边忍受着就业的严重不稳定,一边又必须向世界证明自己仍然在为美好生活"奋斗"。

躺平?不可以,这是一种彻底的不负责任,是一种精神上根本缺陷,你连自己都不关心,怎么能指望别人看得起你?

尾声

我想用一个有些悲伤和无奈的案例结束今天的讨论。

几年前,媒体曝出了所谓"裸条"事件。很多不法借贷者,要求年轻女孩以露骨照片作为借款的抵押。很多人难以按期还款,他们就以曝光相威胁。

新闻刚出来的时候,很多人对此表示不解,因为这些借款大多都只有几千元。真的有人会为了几千元钱冒这样的风险吗?

那时我刚刚结束在华北一个三线小城的田野调查,接触过较多普通院校的大学生,以及低收入群体。他们的生活费或工资一般就是每月两三千元。这意味着很多人需要月复一月的精打细算。

对于这样的群体,你很难想象一款新手机能带来的巨大满足感和社会承认。那些受到胁迫的女孩们,她们的工作,她们的大学生身份,与此相比显得微不足道。

所以,真的会有人去冒那样的风险。

鲍曼没有像人生导师那样教导我们"过一种极简的生活",他想要表明的是:在一个本身就充满不确定性的工作状态下,我们既要反思把工作说得一文不值,也要警惕,不要认为你所有的价值都体现在你所能搭建的那个物质世界之上。

"我是谁",这个问题的答案比消费明细复杂得多。

注:本文改编自"看理想"音频节目《工作与人生:无限人生书单第六季》文本。

聆听鲍曼，探寻如何成为真正的"人"

刘昕亭

　　《工作、消费主义和新穷人》成为广受欢迎的社会学著作之一。在豆瓣、B站和小红书上，读者们满怀热忱分享着有关这本书的关键概念、思维图示，积极丈量这些专业的社会学分析与自己现实生活之间的契合或误差。这本学术著作的备受关注，展示了理论思考的旺盛生命力，同时反映了一个事实："穷人的形象中隐藏着我们自身的恐惧和焦虑。仔细探究其中的原因，肯定能够让我们发现这个时代的一些最重要东西。"

　　1998年，齐格蒙特·鲍曼的英文著作《工作、消费主义和新穷人》（*Work，Consumerism and the New Poor*）出版，把"贫困""工作""穷人"这些传统而老迈的概念，重新放置在消费者社会和符号经济的前沿讨论中。鲍曼定义的"新穷人"是指：有瑕疵的、有缺陷的、不完美的、先天不足的消费者。简而言之,就是不合格的消费者。这个定义下的"新穷人",当然首先意味着金钱的匮乏。面对消费者社会提供的各种惊人选择,穷人的收入水平仅够维持基本生存需要。他们不能购买、无法选择;不能掌控、难以从容。他们辜负了这个 24 小时营业、购物中心林立、处处是导购小姐迷人微笑的物质世界。鲍曼进一步提醒我们,并不能将"贫穷"简单折价为物质匮乏乃至身体痛苦,它更是一种心理折磨与羞愧。消费者社会中的"新穷人"并非闯入大观园的刘姥姥,他们不是在惊鸿一瞥中偶然撞见一个洞天福地,而是必须生活在为富裕消费者所设计的社会空间中。消费者社会所倡导的生活模式,连同消费至死的不渝精神,对普通收入群体来说,其实遥不可及。所以消费者社会的"新穷人",意味着被排除在一切"正常生活"之外,意味着不能胜任挑选的社会职责,意味着羞耻感和不合群。当消费者社会苦心孤诣地训导其成员过一种体面生活的时候,对于"新穷人"来说,他们感受到的,不仅仅是金钱与物质的贫乏,还有痛苦的剥夺感与失落感。

乍眼一看,相较于传统根据收入多寡来界定贫富的方法,鲍曼的"新穷人"变化有限。其理论创新的"高度",充其量是旧瓶装新酒,只是在消费者社会的语境中,再次打造了一个没钱消费的"穷人"形象,其重点还是钞票的斤两,只不过把支出的兜底翻上了台面。

然而,事实却非如此简单。如果将"新穷人"视为威廉斯意义上的关键词,那么围绕"新穷人"的一系列概念反转、能指漂浮,不仅显影着普通人所历经的生活变迁,也提醒我们以新的视野,重新评估习以为常的旧概念。这才是鲍曼"新穷人"真正的题中之义:没有鲍德里亚玄奥的理论思辨,没有费瑟斯通后现代主义的理论路径,以"新穷人"为关键词,重新思考工作的意义,在现代性的速度与激情之路上,再度探讨贫穷、公义、社会福利议题,并尝试着将此知识论述,凝聚为对个人工作生活的反思。这大概就是该学术书籍获得普通读者欢迎的原因。

"穷人"并非一个自然而自足的概念。尽管从内容来说,穷人似乎从来都指向相同的事物:物质的匮乏、自我信心的丧失,以及社会地位的低微。但是在不同的社会空间与话语空间中,围绕穷人的概念建构,关于穷人的道德想象,却迥然不同。用鲍曼的话来说,就是"每个社会都根据自己特定的秩序和规范模式,塑造出不同的穷人形象,对穷人的存在作出不同的解释,为他们找到不同的价值,并制定不同的解决贫困问题的战略"。

鲍曼并不是第一个试图拆解"穷人"迷思的理论家。在《疯癫与文明》中,福柯解读18世纪的"禁闭",提到"贫穷"

的话语变迁。在基督教传统中,穷人是有血有肉、需要帮助的具体存在,"是以人的形象出现的上帝的象征媒介",帮助穷人是宗教意义上的美德。但是随着资本主义的发展,"穷人"逐渐从道德话语中摆脱出来,在社会和经济的双重脉络上被重新整合:一方面穷人意味着贫困,即商品和金钱的匮乏,另一方面,也是更为重要的,穷人代表着人口,代表着巨大的劳动力资源,代表着源源不断的财富。在福柯的研究中,这意味着"新的(禁闭)划分"开始出现,即穷人不再被隔离、被关押,而是被一劳永逸地推向劳动力市场。那么穷人是如何被驱赶进劳动力市场,如何成功变身为现代工人,如何在资本主义早期阶段,充当了财富最重要而直接的来源?鲍曼将"工作伦理"的铆钉敲进了贫穷与生产者社会的交接处。

该书开篇第一章干净利落地进入了对工作伦理的讨论。工作伦理在工业化的早期阶段,亦是现代化、现代性进程的起点处,开始进入欧洲人的意识,并逐渐被提升为整个社会的"十诫"。需要指出的是,此处的"工作",并非仅意味着前资本主义社会的"劳动",它还包含了一些资本主义劳动力商品化的重要内容,比如:劳动必须在工厂主的安排与监督之下进行;劳动完全没有自主性,且必须遵守一系列的规则,包括固定的时间、地点等。《英国工人阶级的形成》等一批巨著，早就向我们揭示，至少在资本主义早期阶段，所谓的"劳工抗争"，即正在形成中的英国工人阶级，亦是世界上最早的工人阶级，第一次团结起来与工厂主即资本家进行斗争，并非是为工资、福利等物质利益，他们所捍卫的是今天看来多少有些匪夷所思的东西：他们抗议劳动必须在规定的时间、规定的场所（工厂）进行；他们抗议自己不能安排劳动的进度和内容；他们抗议不能在劳动的同时，与自己的家人待在一起。正是"工作伦理"逐步瓦解了传统的、前资本主义的手工作坊生产，把穷人、无家可归者、传统工匠们一齐挤压进大工厂时代。

工作伦理在资本主义开端处的自我铭写，用鲍曼的形容，是发挥了"一石二鸟"的功能：一方面解决了蓬勃发展的工业生产所急需的劳动力供给问题，解决了早期资本主义最重要的将劳动力转化为商品的难题；另一方面，将其提升为一种伦理后，工作（任何条件下的任何工作），被改写成道德尊严的一部分。当工作本身意味着一种价值，当工作成为一项高贵并能够令人高贵的活动，当不工作、拒绝工作俨然是一种罪恶与道德堕落的时候，任何由劳动收入所维持的生活，不管多么悲惨，都开始具有了一种道德优越性。工作高贵的伦理光环赦免了血汗工厂的半奴隶制，洗净了资本主义原始积累的肮脏毛孔。相反，工作伦理阴云下的穷人,作为生产者社会最重要的财富来源,却只能过着一种现挣现吃、挣扎在温饱线上的生活。让劳动力的生存只能维持到第二个工作日的黎明,才能够保证工人别无选择地走进工厂大门,蒸汽机车则满载着资本家的财富梦想准时起航。

但是现在,一切都不同了。眼下是一个生产过剩的时代,一个消费主导的社会。消费者社会高扬的旗帜不是生产,而是选择,是在远远过剩的商品中,挑选、鉴别的能力与实力。消费者社会淘汰了弗洛伊德,因为消费者社会不接受延迟满足,消费者社会是一个现世社会,一个永远创造欲望的社会。如果曾经资本主义所驱动的"生产的不断革命",让"一切坚固的东西都烟消云散",那么眼下消费者社会的幽灵,正在吞噬掉资本主义生产者社会浇筑的"工作伦理"地基。

在消费者社会,"工作"的话题显得不合时宜,整个社会不再围绕着工作建构。由边沁首先提出、经福柯发扬光大、适用于工厂和监狱分析的全景敞式,无法与时俱进。消费者社会的主体是消费者而非生产者,他们需要掌控的感觉,需要选择的虚幻。"过有意义的生活",不可能在工厂车间的流水线上实现,只能在超级市场的琳琅满目中仿佛成真。

这对于被排除在频繁购买活动之外的"新穷人",意味着什么？

这首先宣告，长久的、确定的、稳定的、良好保障的"工作"，成为天方夜谭。消费者社会不再奢望劳动者对工作崇高性质的信仰，于是灵活性劳动代替了工作，浮动合同取代了保障。没有什么值得奉献一生的工作，消费者社会所培养的工作态度是随意灵活。这个"灵活劳动力市场"既不提供、也不容许对正在从事的职业，报以奉献终身的理想与抱负。工作绝不应该是生活的重心或者一生的战略，它只是一个插曲，一次偶然的邂逅。然而，在自由选择、自我肯定的冠冕堂皇之下，"灵活性"真正意味的是缺乏保障、居无定所，还有无法确定的未来。鲍曼颇具慧眼地提醒：消费者社会并未将工作弃若敝屣，恰恰相反，工作，或者说某种工作，正在变得空前重要起来，"工作美学"正在取代"工作伦理"，成为消费者社会里新的游戏规则。

这就是第二章"从工作伦理到消费美学"所勾勒的转变。工作成为一个精致的美学对象：它必须是有趣的——多样化、令人兴奋、具有挑战性，包含适度的风险，并不断带来崭新的体验；它必须是富有创造力的——那些单调、重复、不允许创新、无法带来提升和自信的工作，就是"无聊的"；它必须是日常生活的一部分——没有工作与嗜好、工作以及消遣之间的界限，工作就是最令人满意的娱乐。消费者社会的工作美学,标榜的是"没有固定的工作时间,7×24 小时地专注于工作的挑战"。当然,这些工作狂人绝不会在穷人中被找到,他们是比尔·盖茨,是乔布斯,是巴菲特,是韦斯特伍德。这些精英们不消费,只负责工作,创造出让人们乐此不疲消费的东西。

一个巨大的反转出现了。劳动不再高尚,它只是提供更多消费机会的手段;工作不再是个人和社会生活的重心,它折合成的账单才是评估个人价值与尊严的新标准。曾经,以工作的名义,生产者社会把穷人改造成充裕的劳动力资源库;今天,同样是以工作的名义,消费者社会彻底抛弃了穷人,把工作、创造、劳动的桂冠送给了富裕的精英:"富有成就感的工作,能够自我实现的工作,作为人生意义的工作,作为生活核心的工作,作为骄傲、自尊、荣誉和名声的源泉的工作,简而言之,具有使命感的工作,成为少数人的特权,成为精英阶层的特有标志。其他人只能敬畏地远观、艳羡,只能通过低俗小说和肥皂剧来体验。他们在现实中没有机会从事这类工作,体验这种生活。"晚期资本主义社会最新的社会分工是,精英人士负责工作,富裕人口主管消费。穷人?对不起,系统不支持查询。

与"工作"一起倒戈的还有"福利国家",这是第三章"福利国家的兴衰"带来的噩耗。鲍曼不是第一个向我们报告这则不可思议消息的赫尔墨斯,许多西方社会学著作都在向我们传递这个变化:在过去的 20 年里,在主要资本主义国家,由大多数选民支持的执政党,都在忙着削减、撤回福利供给,或是允诺更优惠的个人所得税。福利体系被指责为效率低下且无法持续,福利国家被解读为宠坏懒汉、娇养恶棍。一句话,全球范围内的福利制度正在遭遇全线的溃败。这是一个比"新工作"更不可思议的巨大反转。曾经,帮助穷人的道德正义,促进与推动了福利国家的建立;现在同样是以道德的名义,纳税人们高喊:不要拿我们的钱去养懒人。

这伴随着另一个现象,那就是对底层、对穷人持续的污名化。在第四章"工作伦理和新穷人"中,鲍曼用"底层阶级的浮现",形容穷人在话语层面被打造出的负面形象。不同于"下层阶级"(lower-class)指向的潜在社会流动,"底层阶级"(underclass)一词的出现并风行,成功建构起了一个无用且危险的穷人形象。在鲍曼的知识考古中,20 世纪 70 年代末期(也是福利国家制度开始遭受重挫的时代),在大众媒体和公共共识中,"底层阶级"逐渐演变为"穷人"的代名词,而两个相关的伴生物也开始同时被贩卖。

首先,贫穷不再是一个社会议题,而只关乎个人选择。沦为底层阶级被视为是自主的选择:故意的或者默认的。

接受救济是因为没有工作，而没有工作是因为不愿意去工作，"穷人沦为底层阶级是选择的结果，这个观点暗示的是，他们完全可以做出另一种选择，使自己从困境中解脱出来"。消费者社会里合格消费者最为熟谙的挑选天职，现在变成了穷人的权利，似乎是穷人自我选择，不愿吃苦才堕入贫穷的渊薮。

另一个引人瞩目的现象，是把犯罪和反社会的添加剂送给穷人。"底层阶级"从物质的极度匮乏中走出，变成危险与犯罪的同义语。以社会治安的名义隔绝穷人，监狱和更长期更苛刻的判决，联手其他众多社会机构，迫不及待地处决这些高风险的不稳定群体。当贫穷成为一种罪行，监狱开始代表衰退的福利机构出手挽救穷人。福利供给的削减，与犯罪率的上升、警力和监狱人口的增加同步发生；在主要资本主义大国，监狱产业呈现欣欣向荣之势。当穷人由社会问题转变为典狱学和刑法学的问题时，穷人就不再仅是生存竞争中的失败者，他们俨然成为这个消费者社会的头号风险因素。

"新穷人"的出现，"新工作"的转变，连同西方福利国家的衰落，真正的经济基础在于，伴随着生产力的巨大发展，一个劳动力过分充裕的时代到来了。现代经济不再需要大量劳动力投入生产，社会成员需要快速而积极地购买商品，为清理商品供应作出有力贡献；当经济出现问题的时候，又能成为推动经济复苏的一部分。在跨国公司主导的全球化时代，进步首先意味着企业合并、资产剥离、缩减规模、外包和大规模裁员，轻装上阵、节省人力成本，这才是应对经济全球化挑战的圭臬。劳动、工作、创造由此变成了少数精英人士的特权。如果说生产者社会里的"失业"（unemployment）一词，隐含着受雇佣才是正常状态的假设（un），那么消费者社会的脚本与台词是"过剩劳动力"。过剩，意味着多余，意味着编外和不需要。

这正是第五章"全球化之下的工作与过剩"的题中之义。在生产者社会中，提供良好的教育、完备的医疗服务和适宜的住宅，连同为贫穷家庭的孩子提供健康的营养品，以确保工业生产拥有稳定供应的可雇佣劳动力……这是任何一家或几家公司都无法独立完成的丰功伟绩。雇主们需要由国家来保证并照料劳动后备军，承担永久性的劳动力商品化重任。但是在消费者社会，主要发达经济体都忙着将劳动密集型产业转迁他国，资本家都忙着在本国裁员，转手在东欧、亚洲和拉丁美洲兴建工厂，福利国家在任何意义上都变得不再可能也不再必须。

因此，没有可观收入、没有信用卡的"新穷人"，彻底变得一文不值。鲍曼痛心地告诉我们：今天的穷人，比任何传统意义上的穷人，比任何过往时代的穷人，都更为无望，更为痛楚。他们不再是宗教意义上的救赎对象，也不再充当生产者社会里稳定的劳动后备军，帮助穷人已经丧失了任何经济利益，他们被彻底逐出了道德义务的世界。历史上绝无仅有的，穷人第一次绝对地、完全地，成为了一无所有、一无所用的废料。"新穷人"遭受着与以往穷人一样的苦难，不同的是，他们失去了最后的栖身之所，他们无法把个人的苦难变成公共的社会关怀。他们被描绘为松弛懈怠、有罪、缺少道德标准的群体，他们是现代化风景上刺目的污点。

这就是"新穷人"，于21世纪初，在西方社会艰难的生存现实与所面对的全部社会现实。

本书最后一章名为"新穷人的希望"，如果这里没有流露出鲍曼知识分子朴素人道主义温情，那么本书实在不足以成为写给"新穷人"的福音。在这部分，鲍曼引出工艺伦理的概念，指出收入权利与收入能力脱钩的想法绝不是保守的，并且以帕特里克·库里（Patrick Curry）的话作为结尾："群体自愿的返璞归真，正成为群体贫困的唯一有意义的替代。"以道德共同体的构建作为药方，鲍曼导引的"理论旅行"戛然而止。

西方国家正在上演的这出"新穷人""新工作"的改编

剧，对于愈加深刻地介入全球化经济的中国来说，显然不意味着一出独幕剧。但对中国读者而言，"新穷人"具有不同于西方的历史视野和现实境况。媒体通常这样勾勒当代中国的一个"新穷人"群体：他们大多出现在北上广等一线城市，接受过良好教育，月薪在万元左右。仅从收入衡量，他们远远位居国家贫困线之上，本不应该跟"贫穷"二字有任何牵连。但是他们却和鲍曼著作中的西方主人公一样，感受到身处消费者社会的剥夺。这种剥夺感，来自拼命加班却没有变厚的存折，来自城市面貌日新月异，个体却难以在其中立足的困惑。如果说鲍曼分析的西方消费者社会的新穷人，是身处底层阶级的困苦，中国的"新穷人"透露的，则是在国家社会高速发展的潮流中，跻身都市却刚够温饱的羞赧。这个"新穷人"群体不处于社会底层，却因为高昂的城市生活成本，变得入不敷出。在房贷、车贷、下一代教育和养老支出的重压下，城市的中产阶层捂紧了腰包。

中国出现的这个"新穷人"群体，增加了鲍曼这本西方社会学著作不曾涉猎的新内容，那就是城市中产阶层不敢消费的背后，隐含的工作倦怠。"996"＋单薄的工资，加重了对努力工作意义的质疑。无怪乎，看到某位当红主播对着镜头暗示，没涨工资是因为你没有好好工作，买不起79元一支的眉笔，是因为你选择了不努力，网民们几乎一边倒地反驳：工资没涨，是因为我没有努力工作吗？

流动的现代性犹如一驾马力十足的战车，将每一位消费者都绑定其上。我们不得不承认，我们也身处一个消费者社会。然而，正如本书指出的，现在与过去一样，选择权仍在我们手中。不断质疑，从不同的视角审视社会，审视自己，我们才有可能走出迷茫，赋予生命更宽的意义。鲍曼一生都在探究一个主题：如何成为真正的"人"？穷人或许将永远与我们同在，但贫穷意味着什么，则取决于与他们同在的我们，取决于我们是否是真正的"人"。